Verlag: BoD · Books on Demand GmbH, Überseering 33,
22297 Hamburg, bod@bod.de
Druck: Libri Plureos GmbH, Friedensallee 273,
22763 Hamburg
ISBN: 978-3-7693-9034-6

Druck und Distribution im Auftrag des Autors:
tredition GmbH, Heinz-Beusen-Stieg 5, 22926
Ahrensburg, Deutschland

Viele Menschen glauben, dass sie besonders stark oder überlegen wirken, wenn sie einen Streit für sich entscheiden. In ihren Augen gilt: Wer klüger argumentiert, besser formuliert und am Ende „Recht behält", ist automatisch der Gewinner – der Intelligente, der Dominante. Doch diese Sichtweise ist trügerisch.

Ein Sieg in einem Disput kann zwar kurzzeitig Befriedigung verschaffen, doch häufig bleibt ein unangenehmes Gefühl zurück. Denn Diskussionen verlaufen selten rein rational. Gefühle wie Stolz, Eitelkeit oder Trotz mischen sich ein. Was du an Ansehen durch deinen verbalen Triumph gewinnst, verlierst du womöglich an Vertrauen, Sympathie oder Respekt. Die Kränkung, die du bei deinem Gegenüber hinterlässt, überdauert oft deine logische Überlegenheit.

Wirkliche Überzeugung entsteht nicht in hitzigen Debatten, sondern im stillen Vorleben. Menschen lassen sich nachhaltiger von Verhalten beeindrucken als von Reden. Wer seine Werte konsequent lebt, statt nur von ihnen zu sprechen, baut Glaubwürdigkeit auf. Wer mit Geduld, Beständigkeit und Integrität handelt, wird langfristig mehr Einfluss gewinnen als der lauteste Wortführer im Raum.

Daher: Verzichte auf den Streit. Handle stattdessen. Lebe dein Vorbild, statt andere zu belehren. Denn Argumente kann man widerlegen – Taten jedoch sprechen für sich.

Schon früh lernen wir, dass Freundschaft ein hohes Gut sei – dass Freunde uns durch schwere Zeiten begleiten und unser Vertrauen verdienen. Doch in der Welt der Macht, Karriere und des Wettbewerbs kann übermäßiges Vertrauen in Freunde zur Schwäche werden. Wer allzu offen und unkritisch ist, wird nicht selten enttäuscht – oft ausgerechnet von den engsten Vertrauten.

Freunde neigen dazu, sich mit dir zu identifizieren. Sie stehen dir bei – doch sie vergleichen sich auch mit dir. Je weiter du dich entwickelst, desto größer wird unter Umständen ihr Neid, auch wenn sie ihn nicht offen zeigen. Das macht sie unberechenbar. Ein Freund mag dir zustimmen oder dich loben – oft aus Harmoniebedürfnis, nicht aus Überzeugung. Was dabei fehlt, ist ehrliches, ungefiltertes Feedback.

Ein Gegner dagegen schuldet dir nichts. Seine Kritik ist oft direkt, vielleicht schmerzhaft – aber ehrlich. Er nimmt keine Rücksicht, und genau das macht seine Worte wertvoll. Ein einstiger Feind, der die Chance bekommt, sich zu beweisen, wird alles daransetzen, dich nicht zu enttäuschen – denn er weiß, dass du ihn genau beobachtest. Die Rollen sind klar, die Erwartungen deutlich. Ein ehemals feindlich Gesinnter, den du an deine Seite holst, kann zum stärksten Verbündeten werden – aus Pflichtgefühl, nicht aus Bequemlichkeit.

Ein historisches Beispiel:

Abraham Lincoln, der 16. Präsident der USA, stellte sein Kabinett nicht nur aus Unterstützern zusammen – er holte auch politische Gegner mit ins Boot. Er wusste, dass sie klug, prinzipientreu und herausfordernd waren. Dieses „Team of Rivals" zwang ihn zu ständiger Reflexion – und machte ihn dadurch zu einem der einflussreichsten Präsidenten der Geschichte.

Ein praktisches Beispiel:

Du arbeitest in einem Unternehmen. Ein Kollege hat dich in der Vergangenheit offen kritisiert und war selten freundlich. Doch seine Arbeit ist tadellos, seine Einschätzungen präzise. Nun bekommst du die Möglichkeit, ein Team zu leiten. Du könntest deine Freunde wählen – loyal, aber vielleicht zu nachsichtig. Oder du holst den ehemaligen Kritiker ins Team. Wenn du ihn einbeziehst, wird er mit aller Kraft zeigen wollen, dass du dich richtig entschieden hast – und dich mit seiner kritischen Perspektive sogar stärken.

Fazit:

Freunde vermitteln Sicherheit – aber sie können auch zur Quelle von Selbsttäuschung werden. Feinde hingegen bringen Klarheit, Ehrlichkeit und Herausforderungen. Nutzt du sie klug, fördern sie deine Entwicklung.

Vertraue nie blind – schon gar nicht aus Gewohnheit. Denn der tiefste Schmerz entsteht meist durch Verrat von Vertrauten. Und die größte Loyalität kommt oft von jenen, die sich bewusst für dich entscheiden mussten – nicht von denen, die dich nie hinterfragt haben.

Wer weise handelt, bleibt gegenüber Freunden wachsam – und macht aus Feinden Helfer beim eigenen Aufstieg.

In Machtspielen, strategischen Entscheidungen und menschlichen Beziehungen kann übermäßige Offenheit zur Schwäche werden. Viele Menschen verspüren den Drang, sich mitzuteilen – aus dem Wunsch nach Anerkennung, Zustimmung oder Sicherheit. Doch gerade das Preisgeben von Absichten kann gefährlich sein. Denn wer seine Pläne offenlegt, macht sich angreifbar.

Wer dagegen seine Ziele im Verborgenen hält, bleibt schwer zu durchschauen – und damit mächtig.

Warum Diskretion strategisch klug ist:

Solange andere nicht wissen, worauf du hinarbeitest, können sie dich nicht gezielt behindern. Unklarheit stiftet Unsicherheit. Während deine Umgebung rätselt, vermutet und sich uneinig ist, verfolgst du deinen Weg unbehelligt weiter. Es ist wie ein Spiel, bei dem nur du die Regeln kennst – und genau das verschafft dir den Vorsprung.

Beispiel aus der Geschichte – Napoleon Bonaparte:

Napoleon war ein Meister der Desinformation. Vor militärischen Operationen streute er gezielt widersprüchliche Hinweise über seine Absichten. In der Italienkampagne 1796 etwa lenkte er den Feind in die Irre, indem er eine Festung als Ziel vortäuschte, während sein wahres Ziel ganz woanders lag. Das Ergebnis: militärische Erfolge durch taktische Verwirrung.

Beispiel aus der Wirtschaft:

Du entwickelst eine neuartige App, die ein Alltagsproblem elegant löst. Wenn du früh darüber sprichst – im Freundeskreis oder auf Social Media –, riskierst du, dass andere deine Idee übernehmen. Vielleicht sind sie schneller am Markt oder haben mehr Kapital. Wenn du aber still arbeitest und vielleicht sogar eine unauffällige Nebennutzung in den Vordergrund stellst, sicherst du dir einen Überraschungseffekt beim Launch – die Konkurrenz wird kalt erwischt.

Beispiel aus dem Alltag:

Du willst aus deiner Wohnung ausziehen, hast aber noch keinen neuen Vertrag. Wenn du deinem Vermieter zu früh von deinem Vorhaben erzählst, könnte er aktiv nach Ersatz suchen oder dich schneller loswerden wollen. Hältst du dich jedoch bedeckt und zeigst dich zugleich als verlässlicher Mieter, kannst du später bessere Konditionen aushandeln – mit Kontrolle über Zeitpunkt und Bedingungen.

Der psychologische Aspekt:

Schweigen erzeugt Spekulation. Menschen füllen Wissenslücken mit eigenen Vorstellungen – und überschätzen dabei oft dein Wissen oder deine Absichten. Das kann dir zum Vorteil gereichen. Offenheit hingegen macht dich berechenbar.

Fazit:

Wer seine Pläne zu früh offenbart, verspielt den strategischen Vorteil. Wer dagegen bewusst dosiert kommuniziert, bewahrt sich Kontrolle. Schweigen kann Stärke sein – und unterschätzt zu werden, ein Vorteil.

Enthülle dein Ziel erst, wenn du es erreicht hast. Lass andere spekulieren – während du die Richtung bestimmst.

Worte verlieren an Kraft, wenn man sie inflationär nutzt. Wer ständig spricht, gibt mehr preis, als ihm vielleicht lieb ist – über Denkweisen, Schwächen und Motive. Dagegen schafft Schweigen Distanz, Rätselhaftigkeit und Kontrolle.

Warum Zurückhaltung nützt:

1. Worte sind wie Werkzeuge – sie können gegen dich eingesetzt werden.
   Je mehr du sagst, desto wahrscheinlicher wird es, dass du unbeabsichtigt etwas preisgibst oder dich selbst widersprichst.

Beispiel: Ein Politiker redet sich um Kopf und Kragen, wirkt dadurch nervös – obwohl er eigentlich nichts Falsches gesagt hat. Ein ruhiges „Kein Kommentar" hätte souveräner gewirkt.

2. Starke Persönlichkeiten reden wenig – und wirken gerade deshalb stark.

Schweigen kann einschüchtern. Es zwingt andere, die Leere zu füllen – und dabei oft mehr zu sagen, als sie sollten.

Beispiel: In einer Verhandlung sagt der erfahrene Manager kaum etwas – und bringt damit die Gegenseite in Erklärungsnot. Sie reden sich um Kopf und Kragen, schwächen ihre Position.

3. Weniger Worte bedeuten mehr Kontrolle.

Wer sich kurz und klar ausdrückt, strahlt Kontrolle aus – über sich selbst und über die Situation.

Beispiel:

Steve Jobs war bekannt für seine knappen, präzisen Sätze. In Meetings sagte er oft nur wenige Worte, aber mit solcher Klarheit und Nachdruck, dass alle sofort wussten, was gemeint war – und ihm folgten.

—

Was du stattdessen tun solltest:

- **Werde zum aufmerksamen Zuhörer.**
Menschen lieben es, gehört zu werden. Je mehr du zuhörst und weniger redest, desto mehr wirst du als klug und vertrauenswürdig wahrgenommen.
- **Lass deine Stille arbeiten.**
In kritischen Momenten ist Schweigen oft mächtiger als jedes Argument. Eine lange Pause kann einen stärkeren Effekt erzielen als eine ganze Rede.
- **Sprich nur, wenn du wirklich etwas beizutragen hast.**
Und wenn du sprichst, dann klar, durchdacht und mit Substanz. Wenige, starke Worte haben mehr Gewicht als viele schwache.

—

Ein Gegenbeispiel: Was passiert, wenn du zu viel redest?

Ein Mitarbeiter versucht im Meeting, seine Idee durchzubringen, und redet und redet. Am Ende hat er so viele Details erwähnt, dass seine Idee zerfasert wirkt. Sein Vorgesetzter, der nur einen kurzen, prägnanten Satz äußert („Fokus ist wichtiger als Vielfalt."), bekommt stattdessen die Zustimmung. Der Vielredner hat sich selbst geschwächt.

—

Fazit:

Worte sind mächtig – aber nur, wenn sie sparsam und gezielt eingesetzt werden. Wenn du weniger sagst, wirkst du klüger, souveräner und unnahbarer. Du gibst deinem Gegenüber keine Angriffspunkte – und zwingst ihn oft, dir mehr zu geben, als du selbst preisgibst.

Menschen mit echter Autorität wählen ihre Worte mit Bedacht – sie reden nicht viel, aber jedes ihrer Worte wiegt schwer."

Dein Ruf ist wie eine unsichtbare Rüstung – er schützt dich, bevor du auch nur den Mund aufmachst. Er geht dir voraus, spricht für dich, bevor du den Raum betrittst, und beeinflusst, wie Menschen dich behandeln. In einer Welt, in der Wahrnehmung oft mehr zählt als Wahrheit, ist dein Ruf ein entscheidender Faktor deiner persönlichen und beruflichen Macht.

—

Warum ein guter Ruf so wichtig ist:
1. **Der Ruf ist schneller als du selbst.**
Menschen hören deinen Namen – und schon haben sie ein Bild von dir im Kopf. Ob das Bild vorteilhaft ist oder nicht, bestimmt deinen Handlungsspielraum. Ein positiver Ruf öffnet Türen, ohne dass du klopfen musst. Ein schlechter Ruf lässt sie zufallen, bevor du auch nur in die Nähe kommst.
Beispiel:
Ein bekannter Chirurg ist für seine exzellente Technik und Ruhe bekannt. Patienten vertrauen ihm, ohne ihn je getroffen zu haben. Sein Ruf allein füllt den Operationsplan – mehr als jede Werbung es könnte.

2.   **Ruf schützt – selbst bei Fehlern.**
Wer für Integrität, Kompetenz oder Verlässlichkeit
bekannt ist, bekommt eher eine zweite Chance, wenn
einmal etwas schiefläuft.
Beispiel:
Ein Fußballtrainer, der für seine Fairness und gute
Menschenführung bekannt ist, wird nach einer
schwachen Saison nicht sofort entlassen. Man
vertraut seinem Charakter – auch in Krisenzeiten.
3.   **Ein guter Ruf bringt Macht – ein
schlechter zieht Angriffe an.**
Wer als schwach, unzuverlässig oder problematisch
gilt, wird zum leichten Ziel. Wer hingegen als
durchsetzungsstark, gerecht oder respektiert gilt, den
attackiert man nicht leichtfertig.
Beispiel:
In der Geschäftswelt wird ein CEO mit Ruf als harter,
aber fairer Verhandler selten übervorteilt – man
weiß, dass er nicht zögert, sich zu wehren. Ein CEO
mit einem Ruf als unsicher oder chaotisch hingegen
wird von Investoren oder Konkurrenten ausgenutzt.

—

Wie du dir einen starken Ruf aufbaust:
1.   **Wähle bewusst, wofür du stehen
willst.**
Willst du als zuverlässig, kreativ, kompromisslos,
gerecht oder unerschütterlich wahrgenommen
werden? Du kannst nicht alles gleichzeitig sein.
Entscheide dich und kultiviere gezielt dieses Bild.
2.   **Handle konsistent – auch wenn
niemand zusieht.**

Ein Ruf entsteht nicht durch einzelne Taten, sondern durch ständige Wiederholung. Es zählt nicht, was du einmal tust, sondern was du immer tust.

Beispiel:

Eine Kollegin, die *immer* ihre Deadlines einhält, wird bald als „verlässlich" bekannt – auch wenn sie nie darum bittet. Ihr Ruf arbeitet für sie, vielleicht sogar in Abwesenheit.

3. **Pflege Netzwerke, die deinen Ruf bestätigen.**

In Politik, Medien, Social Media oder im Unternehmen gilt: Andere reden über dich – ob du willst oder nicht. Verbünde dich mit Menschen, die bereit sind, positiv über dich zu sprechen.

Beispiel:

Erfolgreiche Politiker haben gute Beziehungen zu Journalisten. Sie liefern ihnen Informationen – im Gegenzug werden sie in einem guten Licht dargestellt. Das ist keine Manipulation, sondern strategische Pflege des eigenen Rufs.

—

Wie du deinen Ruf schützt – notfalls mit allen Mitteln:

1. **Reagiere sofort auf Angriffe – aber überlegt.**

Ignoriere Verleumdungen nicht, wenn sie gefährlich sind. Aber reagiere nicht impulsiv. Eine ruhige, klare Verteidigung ist oft wirkungsvoller als aggressive Rechtfertigung.

Beispiel:

Wird ein Politiker zu Unrecht beschuldigt, Korruption begangen zu haben, sollte er nicht wütend werden oder sich in langen Erklärungen verlieren. Eine sachliche, transparente Offenlegung seiner Aktivitäten ist wirksamer und schützt seinen Ruf langfristig.

**2.	Eliminiere oder neutralisiere Gefahrenquellen.**

Wer deinen Ruf gefährdet, muss gestoppt werden – sei es durch Konfrontation, Isolierung oder strategische Entmachtung.

Beispiel:

In der Unternehmenswelt lässt ein CEO einen Mitarbeiter versetzen, der intern immer wieder falsche Gerüchte streut. Nicht aus Rache, sondern zum Schutz der eigenen Position und Integrität.

**3.	Vermeide Skandale – auch im Privaten.**

In Zeiten von Social Media kann jede noch so kleine Unachtsamkeit öffentlich werden. Lebe privat nicht so, wie du es öffentlich nicht vertreten könntest.

—

Gegenbeispiel: Wie ein beschädigter Ruf Macht vernichtet

Ein erfolgreicher Manager wird beschuldigt, seine Mitarbeiter schlecht zu behandeln. Obwohl die Vorwürfe unbewiesen bleiben, verbreitet sich das Gerücht. Kunden kündigen, Talente bewerben sich nicht mehr, Investoren werden nervös. Der Manager wird entlassen – nicht, weil man *weiß*, dass er

schuldig ist, sondern weil sein Ruf zerstört wurde.
Wahr oder falsch – spielt keine Rolle mehr.

—

Fazit:

Dein Ruf ist dein Kapital. Du kannst durch ihn
Menschen beeinflussen, Vertrauen gewinnen,
Konkurrenten überflügeln – ohne ein einziges Wort
zu sagen. Doch wie bei Porzellan: Einmal zerbrochen,
ist er schwer wiederherzustellen.

**Baue ihn auf mit Taten, pflege ihn mit
Konsequenz, und verteidige ihn mit Intelligenz.
Denn wer deinen Ruf kontrolliert, kontrolliert
deine Macht.**

Wer nicht auffällt, wird nicht gesehen:

In einer Welt, die überflutet ist von Informationen,
Bildern, Meinungen und Persönlichkeiten, zählt nicht
nur, **wer du bist**, sondern vor allem, **ob du gesehen
wirst**. Denn was nicht auffällt, existiert nicht. Wer in
der Masse untergeht, wird übersehen, unterschätzt –
oder gar nicht erst wahrgenommen. Aufmerksamkeit
ist die erste Stufe zur Macht. Nur wer gesehen wird,
kann gehört, verstanden, gefürchtet oder bewundert
werden.

—

Warum Aufmerksamkeit so entscheidend ist:
**1.	Das Auge regiert den Verstand.**
Menschen beurteilen dich nach dem, was sie sehen –
nicht nach dem, was du bist. Visuelle Eindrücke sind
stärker als Inhalte.
Beispiel:
In der Geschäftswelt hat eine Frau mit einem perfekt
abgestimmten Outfit, hochwertiger Uhr und
souveränem Auftritt oft mehr Wirkung als jemand mit
besseren Ideen, aber unauffälliger Erscheinung.
**2.	Wer nicht auffällt, wird nicht
gewählt, befördert oder belohnt.**
Die Welt belohnt Sichtbarkeit – nicht Bescheidenheit.
Du kannst der Klügste im Raum sein – wenn man dich
nicht wahrnimmt, wirst du übergangen.
Beispiel:
Ein Mitarbeiter liefert über Jahre solide Arbeit, bleibt
aber unscheinbar. Sein Kollege hingegen präsentiert
sich geschickt, hält Vorträge, wird eingeladen – und
steigt schneller auf.
**3.	Auffälligkeit signalisiert
Selbstvertrauen – und Macht.**
Wer es wagt, aus der Reihe zu tanzen, sendet ein
klares Signal: Ich habe nichts zu verbergen, ich bin
nicht abhängig von der Meinung der Masse.
Beispiel:
Künstler wie Salvador Dalí oder Lady Gaga wären
ohne ihre exzentrische Erscheinung möglicherweise
nie zu internationalen Ikonen geworden. Ihr Stil war
Teil ihrer Strategie – eine Kunstform, die
Aufmerksamkeit als Energiequelle nutzte.

Geschichtliche Beispiele für bewusst erzeugte Aufmerksamkeit:

- **Ludwig XIV. – Der Sonnenkönig**

Er trug absichtlich opulente, goldene Gewänder, hielt prunkvolle Zeremonien ab und ließ sich als Mittelpunkt des Universums inszenieren. Durch diese visuelle Machtinszenierung band er den Adel an sich – nicht durch Befehle, sondern durch Staunen.

- **Andy Warhol**

Warhol verstand früh, dass Provokation, Exzentrik und Selbstvermarktung ihn zu mehr machten als „nur" einen Künstler. Mit seiner auffälligen Perücke, seinem distanzierten Auftreten und seiner Inszenierung als Kultfigur wurde er zur Marke – seine Person war Teil seines Kunstwerks.

- **Richard Branson**

Der Gründer von Virgin ist bekannt dafür, PR-Stunts zu nutzen, um auf sich und seine Marke aufmerksam zu machen: Er fuhr mit einem Panzer durch New York, sprang mit dem Fallschirm in Geschäftseröffnungen – alles, um aufzufallen. Das Ergebnis: Virgin wurde weltbekannt, obwohl es mit viel größeren Unternehmen konkurrierte.

—

Moderne Formen der Auffälligkeit – Beispiele aus dem Alltag:

- **Luxus als Statussignal**

Eine Rolex, ein maßgeschneiderter Anzug oder ein Lamborghini sind mehr als nur Besitztümer – sie sind Symbole, die in Sekunden Signale senden: „Ich habe es geschafft."

Beispiel:
Ein junger Unternehmer erscheint bei einem Branchentreffen im Designeranzug mit auffälliger Uhr. Noch bevor er ein Wort sagt, schenken ihm die Anwesenden Respekt – sein äußeres Erscheinungsbild fungiert als „soziales Kapital".

- **Online-Präsenz und Selbstvermarktung**

Influencer, Coaches oder Unternehmer, die auf Social Media sichtbar sind, nutzen bewusst markante Aussagen, provokante Thesen oder visuelle Extravaganz, um Reichweite zu gewinnen.

Beispiel:
Eine Karriereberaterin postet auf LinkedIn regelmäßig auffällige, teilweise kontroverse Karrieretipps – nicht immer unumstritten, aber immer sichtbar. Die Folge: Sie wird zur gefragten Speakerin.

—

Wie du auf dich aufmerksam machst – Strategien mit Substanz:

1. **Optische Signale nutzen:**

Kleidung, Auftreten, Körpersprache. Stil ist keine Eitelkeit, sondern Strategie.
Nicht schrill um des Schrillen willen – sondern so, dass du dich von der Masse abhebst.

2. **Erzähl eine gute Geschichte über dich:**

Menschen erinnern sich an Geschichten, nicht an Fakten. Mach dich zur Marke, zu einer Erzählung, die hängen bleibt.

Beispiel:

„Vom Schulabbrecher zum CEO" zieht mehr Aufmerksamkeit als „hat BWL studiert und Karriere gemacht".

3. **Nutze den Überraschungseffekt:**

Sag etwas Unerwartetes. Tu etwas Außergewöhnliches. Die Masse liebt Gewohnheit – und fürchtet Abweichung.

Wenn du aus dem Rahmen fällst, wirst du das Bild.

4. **Gestalte gezielt deine digitale Identität:**

Dein Online-Auftritt ist oft dein erster Eindruck. Nutze ihn. Hochwertige Bilder, starke Botschaften, klare Positionierung.

—

Achtung: Auffallen ist nicht gleich Klamauk

Du darfst Aufmerksamkeit nie mit Beliebigkeit oder Albernheit verwechseln. Wer auffällt, weil er schlecht, nervig oder überdreht ist, schadet sich selbst. Aufmerksamkeit ist nur dann Macht, wenn sie Respekt erzeugt – nicht Ablehnung.

—

Gegenbeispiel: Unsichtbarkeit führt zu Bedeutungslosigkeit

Ein introvertierter, hochtalentierter Architekt meidet Netzwerke, öffentliche Auftritte, Selbstdarstellung. Obwohl seine Entwürfe brillant sind, bleibt er im Schatten. Ein jüngerer Kollege mit weniger Talent, aber starkem Auftritt, wird bekannter, erhält größere Aufträge – und Einfluss.

—

Fazit:

Aufmerksamkeit ist die Währung der Macht. In einer Welt, in der täglich Millionen Stimmen um Gehör ringen, gewinnt nicht unbedingt der Klügste – sondern der Sichtbarste. Wer auffällt, definiert mit, was wichtig ist. Wer untergeht, bleibt bedeutungslos – egal wie gut er ist.

Werde zur Figur, zur Marke, zur Geschichte. Sei nicht nur Teil des Bildes – sei der Rahmen.
Denn Macht beginnt mit einem einzigen Blick – auf dich.

In der Welt der Macht zählt nicht nur, *was* du tust – sondern *wer* dafür die Anerkennung erhält. Die Geschichte belohnt nicht immer die, die hart gearbeitet haben, sondern jene, die als Architekten des Erfolgs erscheinen. Du kannst dein Ansehen, deine Karriere und deinen Einfluss massiv steigern, wenn du lernst, andere für dich arbeiten zu lassen – während du selbst das Gesicht des Erfolgs bleibst.

Das ist keine Ausbeutung, sondern kluge Machtstrategie – vorausgesetzt, sie wird mit Bedacht und Fairness eingesetzt.

—

In jeder hierarchischen Beziehung – sei es im Beruf, im Handwerk, in der Kunst oder in der Politik – gibt es jemanden, der über dir steht: einen Vorgesetzten, Lehrer, Mentor oder Meister. Ein häufiger Fehler junger, ehrgeiziger Menschen ist es, zu früh mit ihren Talenten zu glänzen. Sie glauben, durch Fleiß und besondere Fähigkeiten schnell Anerkennung und Aufstieg zu erlangen. Doch diese Haltung birgt eine unsichtbare Gefahr: Sie setzt den Meister unter Druck, macht ihn misstrauisch – oder gar feindlich.

Ein weiser Schüler oder Mitarbeiter erkennt: Der Schlüssel zur langfristigen Macht liegt nicht im direkten Überstrahlen des Meisters, sondern im gezielten Verstärken seines Lichts.

Warum das funktioniert:

Menschen in Machtpositionen, gleich wie souverän sie wirken, sind oft empfindlich gegenüber Konkurrenz. Wer ihren Status gefährdet, auch nur scheinbar, wird schnell zur Zielscheibe. Doch wer dem Meister das Gefühl gibt, überlegen und sicher zu sein – ja, wer sogar dessen Schwächen geschickt verbirgt oder ausgleicht –, gewinnt sein Vertrauen. Und Vertrauen ist die Brücke zu echter Macht: zu Einfluss, zu Wissen, zu Förderungen.

Ein Beispiel aus dem Berufsleben:

Stell dir vor, du bist ein junger Angestellter in einem großen Unternehmen. Du hast eine brillante Idee zur Prozessoptimierung, die dem Betrieb viel Geld sparen könnte. Anstatt direkt in einer Besprechung vor versammeltem Team die Idee zu präsentieren – was deinen Vorgesetzten blass aussehen lassen könnte –, gehst du den klugen Weg: Du suchst das Vier-Augen-Gespräch mit deinem Chef, präsentierst die Idee als seinen möglichen „großen Wurf" und schlägst vor, dass er sie selbst der Geschäftsführung vorträgt. Vielleicht wird dein Name in der Präsentation gar nicht erwähnt – aber du hast Loyalität und strategisches Denken bewiesen.

Was wird geschehen? Dein Chef wird dich als wertvollen Verbündeten wahrnehmen. Er wird merken, dass du ihn nicht ausstechen willst, sondern ihm hilfst zu glänzen. Und genau deshalb wird er dich künftig näher an sich heranlassen. Du wirst lernen dürfen, mitentscheiden, wachsen. Du bist nicht die Bedrohung – du bist der stille Architekt seines Erfolgs. Und damit auch deines eigenen.

Fazit:

Stelle nie den Meister in den Schatten. Es geht nicht darum, sich klein zu machen – sondern darum, klug zu spielen. Ein starker Baum lässt unter seinem Schatten wenig wachsen. Sorge dafür, dass du unter seinem Schutz stark wirst – bis der Moment kommt, an dem du selbst die Krone trägst.

1.	**Deine Zeit und Energie sind begrenzt.**
Du kannst nicht alles wissen, alles planen, alles
ausführen. Wenn du versuchst, alles selbst zu machen,
wirst du überlastet, ineffizient – und bleibst klein.
Beispiel:
Ein Start-up-Gründer, der versucht, Buchhaltung,
Marketing, Produktentwicklung und Kundenservice
selbst zu machen, scheitert an Überforderung. Ein
anderer Gründer delegiert – und wächst.
2.	**Spezialisten steigern deine
Wirksamkeit.**
Andere besitzen Fähigkeiten, Erfahrungen und
Perspektiven, die du nicht hast. Nutze diese
Ressourcen, um bessere Resultate zu erzielen – ohne
dabei den Führungsanspruch aufzugeben.
Beispiel:
Ein CEO holt sich externe Berater für eine strategische
Neuausrichtung. Die Ideen stammen von ihnen – aber
er präsentiert sie überzeugend vor dem Vorstand. Die
Anerkennung gilt ihm.
3.	**Anerkennung bringt Macht.**
Ob in Unternehmen, Politik oder Kunst – Sichtbarkeit
erzeugt Einfluss. Wenn du konsequent die
Anerkennung für Erfolge erhältst, wirst du zur
Schlüsselfigur – auch wenn der operative Erfolg auf
vielen Schultern ruht.

—

Geschichtliche Beispiele:
- **Thomas Edison**

Er gilt als Erfinder der Glühbirne – doch viele Ideen
und technische Lösungen stammten von seinen

Mitarbeitern, etwa Nikola Tesla. Edison verstand es, das öffentliche Bild zu dominieren: Nicht wer erfand, sondern *wer es vermarktete*, war entscheidend.

- **Steve Jobs**

Der Mitgründer von Apple war kein technisches Genie, sondern ein visionärer Kommunikator. Die bahnbrechenden Technologien entwickelten Ingenieure wie Steve Wozniak – doch Jobs war das Gesicht, das gefeiert wurde. Er nutzte das Wissen anderer, um Apple zu einem Mythos zu machen – mit sich selbst im Zentrum.

- **Napoleon Bonaparte**

Napoleon überließ die logistischen Details seinen Offizieren, vertraute auf die Genialität seiner Generalstäbe – aber am Ende war *er* der siegreiche Feldherr, *er* das Symbol des Erfolgs. Die Strategie war oft Teamarbeit, der Ruhm jedoch allein seiner.

—

Wie du dieses Prinzip klug und ethisch anwendest:

1. Wähle dein Team mit Bedacht.

Um groß zu wirken, brauchst du Menschen, die besser sind als du – in bestimmten Bereichen. Hole dir Know-how, das dir fehlt, und stelle sicher, dass diese Menschen dich stärken, nicht untergraben.

2. Sorge dafür, dass du die Bühne beherrschst.

Wenn das Projekt abgeschlossen ist, bist du derjenige, der präsentiert. Du bist das Gesicht, das kommuniziert. Nicht durch Lügen – sondern durch geschickte Positionierung.
Beispiel:
Du erwähnst: „Mit meinem Team haben wir dieses Ergebnis erzielt." Der Fokus liegt auf **dir** – obwohl die Arbeit geteilt war.

3. Belohne Loyalität – im Hintergrund.

Anerkennung öffentlich an dich ziehen bedeutet nicht, dass du intern ausbeuterisch sein musst. Gute Mitarbeiter solltest du im Hintergrund belohnen: mit Boni, Aufstiegschancen, Vertrauen. So bleiben sie loyal – und du glänzt weiter.

4. Schütze deine Rolle als Anführer.

Gib niemals zu viel Autorität ab. Auch wenn andere die Arbeit machen, sollte niemand daran zweifeln, dass du das Zentrum der Macht bist. Koordiniere, entscheide, führe.

—

Beispiel aus dem Alltag:

Ein Marketing-Manager steht vor einem großen Kundenprojekt. Er hat die Grundidee, lässt aber sein Team alle Konzepte und Kampagnen ausarbeiten. Am Ende präsentiert *er* die Ergebnisse vor dem Kunden – strukturiert, souverän, überzeugend. Der Kunde sieht nur **ihn** als den kreativen Kopf. Das Team bekommt intern Anerkennung – aber *er* erhält den Applaus, die Empfehlung, den nächsten Auftrag.

—

Risiken und wie du sie vermeidest:
- **Risiko: Du wirst als Ausbeuter wahrgenommen.**

Lösung: Gib deinem Team intern Wertschätzung, fördere ihre Entwicklung, zeige Fairness. Wenn Menschen sich nicht benutzt fühlen, arbeiten sie bereitwillig für deinen Erfolg.
- **Risiko: Ein anderer wird sichtbarer als du.**

Lösung: Achte auf Kontrolle über Kommunikation, Kundenkontakte, öffentliche Präsentationen. Halte dich im Zentrum des Geschehens – freundlich, aber bestimmend.
- **Risiko: Du verlierst den Überblick.**

Lösung: Auch wenn du delegierst, musst du verstehen, was vor sich geht. Kontrolliere die Richtung, setze klare Ziele, prüfe Ergebnisse. Nur so bleibst du wirklich mächtig.

—

Gegenbeispiel: Wer alles selbst machen will, bleibt klein

Ein brillanter Entwickler gründet ein Tech-Start-up. Weil er niemandem vertraut, schreibt er selbst den Code, gestaltet das Design, macht die Buchhaltung.

Die Firma stagniert – während ein Mitbewerber ein Team aufbaut, delegiert, Investorengespräche führt und als *Gründerpersönlichkeit* gefeiert wird. Der eine hat gearbeitet, der andere *geführt* – und gewonnen.

—

Fazit:

Macht entsteht durch Wahrnehmung. Die Welt merkt sich nicht, wer im Hintergrund gearbeitet hat – sondern wer im Rampenlicht steht. Du musst nicht alles wissen oder können. Aber du musst erkennen, *wer* für dich arbeiten kann – und *wie* du ihre Leistungen nutzen kannst, um dein eigenes Licht heller scheinen zu lassen.

Baue dir ein starkes Netzwerk, führe es klug – und ernte den Ruhm.
Denn in der Welt der Macht gilt:
„Die Statue trägt den Namen dessen, der sie enthüllt – nicht unbedingt den des Bildhauers.".

Ansteckungsgefahr:

Es klingt hart – fast unmenschlich. Doch wenn du die Mechanismen der sozialen Energie und der Macht wirklich verstehst, erkennst du: **Nicht alle Verbindungen nähren dich. Manche entziehen dir Kraft, Chancen und Ansehen.** Manche Menschen ziehen Unglück geradezu an. Sie scheinen chronisch vom Leben benachteiligt zu sein – und egal, wie sehr du versuchst, ihnen zu helfen, du wirst selbst hineingezogen in ihren Strudel aus Pech, Problemen und Pessimismus.

Negative Energie ist ansteckend. Nicht metaphorisch – sondern real, psychologisch, wirtschaftlich, sozial. Die Nähe zu Unglücklichen kann dich lähmen, dein Selbstwertgefühl senken, deine Möglichkeiten blockieren. Deswegen lautet dieses Machtgesetz:
Umgib dich mit Gewinnern – meide emotionale, soziale und wirtschaftliche Virenträger.

—

Verbanne negative Menschen aus deinem Leben

1. Negativität ist psychologisch ansteckend

Menschen spiegeln einander – bewusst und
unbewusst. Wer sich ständig über das Leben beklagt,
zieht auch deine Stimmung runter. Du beginnst, die
Welt mit ihren Augen zu sehen: feindlich, unfair,
hoffnungslos.

Beispiel:
Ein Kollege beschwert sich täglich über die Firma, das
Leben, die Politik. Anfangs versuchst du, ihn zu
beruhigen. Doch nach einigen Wochen spürst du
selbst Zynismus, Frust und sinkende Motivation.

2. Glücklose Menschen ziehen Chaos an

Manche Menschen sind von Problemen verfolgt –
finanziell, rechtlich, emotional. Nicht weil sie Pech
haben, sondern weil sie unbewusst destruktive
Muster wiederholen. Wenn du zu nahe kommst, wirst
du Teil ihres Dramas.

Beispiel:
Du verliebst dich in jemanden mit ständig
wechselnden Jobs, Schulden, Ex-Partnern,
emotionalen Krisen. Du willst helfen – doch bald bist
du verschuldet, ausgebrannt und verletzt.

3. Sie beschädigen deinen Ruf – durch Assoziation

In der Welt der Macht zählt auch der Schein. Wer sich
ständig mit Verlierern zeigt, wird selbst mit Scheitern
assoziiert – ob gerecht oder nicht.

Beispiel:
Ein vielversprechender Manager verbringt seine
Freizeit mit Bekannten, die ständig in Skandale
verwickelt sind. Er selbst ist untadelig – doch bald

beginnt das Top-Management, an seiner
Urteilsfähigkeit zu zweifeln. Seine Karriere stockt.

—

Beispiele aus Geschichte und Alltag:

Marie-Antoinette und die Freunde am Hof

Die französische Königin umgab sich mit
zwielichtigen Höflingen und verschwenderischen
Freundinnen. Deren Eskapaden warfen ein schlechtes
Licht auf sie – obwohl sie nicht selbst immer beteiligt
war. Das Volk verachtete nicht nur ihre Freunde,
sondern bald auch sie. Das Ergebnis: Revolution,
Gefangenschaft, Tod.

Lot und seine Frau (Biblisches Beispiel)

Als Lot die sündige Stadt Sodom verließ, wurde er
gewarnt, sich nicht umzudrehen. Seine Frau tat es –
und wurde zur Salzsäule. Die symbolische Botschaft:
Wenn du dich zu lange mit dem Verderben
verbindest, wirst du selbst zerstört.

Finanzwelt – Investorenszene

Erfolgreiche Investoren meiden Unternehmer, die
immer wieder bei früheren Projekten scheiterten
oder rechtlich auffällig wurden – selbst wenn sie
aktuell ein gutes Konzept haben. Der Verdacht: Wo
immer diese Leute auftauchen, folgen Chaos, Verlust
und Misstrauen.

—

Wie du dich schützt – ohne unmenschlich zu sein:

**1. Unterscheide zwischen „zeitweilig unglücklich"
und „chronisch toxisch"**

Nicht jeder, der eine schwere Phase hat, ist zu meiden.
Jeder hat Krisen. Entscheidend ist: **Zieht diese
Person dich runter – oder bemüht sie sich um
Veränderung?**
Beispiel:
Ein Freund verliert seinen Job und ist
verständlicherweise deprimiert. Doch er bleibt aktiv,
sucht Hilfe, nimmt Ratschläge an. Ihn solltest du nicht
meiden – sondern stärken.
Anders bei jemandem, der sich ständig als Opfer sieht,
immer andere beschuldigt und passiv bleibt – das ist
toxisch.

2. Halte emotionale Distanz, wenn nötig

Du musst nicht alle Verbindungen sofort abbrechen –
aber du kannst die Tiefe der Beziehung kontrollieren.
Halte Small Talk, sei freundlich – doch investiere
deine Energie in Menschen, die dich aufbauen.

**3. Suche gezielt die Nähe von Positiven,
Erfolgreichen, Hoffnungsvollen**

Umgib dich mit Menschen, die Lösungen sehen statt
Probleme, die handeln statt jammern. Ihre Haltung

wird auf dich abfärben – Motivation ist ebenso ansteckend wie Pessimismus.

Beispiel:
Sportler trainieren lieber mit stärkeren Partnern – weil es sie automatisch besser macht.

—

Typische Warnsignale für „ansteckendes Unglück":
- Jemand hat **ständig** Pech – nie Mitverantwortung.
- Er/Sie spricht **überwiegend negativ**, über Menschen, Welt, Zukunft.
- Häufige **Drama-Zyklen**: Streit, Trennung, Jobverlust, Krankheit, Skandale.
- Bei dir selbst spürst du nach Treffen **Erschöpfung, Frust, Zweifel.**

—

Gegenbeispiel: Der Preis, wenn du das Gesetz ignorierst

Ein hoch talentierter junger Architekt freundet sich mit einem älteren Kollegen an, der von früherem Ruhm lebt, aber inzwischen nur noch kritisiert und verbittert ist. Anfangs glaubt der Jüngere, er könne ihn wieder aufrichten. Stattdessen wird er selbst immer zögerlicher, ängstlicher, beginnt seine Ideen zu verwerfen – aus Angst vor Kritik. Seine Karriere stagniert. Der Ältere hatte ihn angesteckt – mit seiner Lebensmüdigkeit.

—

Fazit:

Energie ist ansteckend. Emotionen sind ansteckend. Schicksal ist ansteckend.
Du bist nicht nur, was du tust – du wirst auch, **wen du um dich hast.**

Wer aufsteigen will, muss sich lösen von denen, die ihn hinunterziehen. Das bedeutet nicht, dass du kein Mitgefühl haben darfst – aber du musst Prioritäten setzen. In der Welt der Macht geht es nicht darum, geliebt zu werden, sondern **zu überleben – und zu siegen.**

Denn:

Wer das Unglück berührt, riskiert selbst verflucht zu werden.

Wähle deine Nähe mit Bedacht – denn nicht jeder verdient einen Platz in deiner Umlaufbahn.

Wahre Macht bedeutet Kontrolle – und Kontrolle bekommst du nicht durch Zwang, sondern durch **Abhängigkeit.** Solange andere dich brauchen, können sie dich nicht ignorieren, nicht angreifen und schon gar nicht ersetzen. Wenn du dafür sorgst, dass

Menschen auf deine Fähigkeiten, deinen Rat, dein
Wissen oder deinen Einfluss angewiesen sind,
**bindest du sie an dich – freiwillig, dauerhaft,
effektiv.**

Der Kardinalfehler vieler Menschen ist es, zu offen, zu
selbstlos und zu ersetzbar zu sein. Sie teilen ihr
Wissen, machen sich entbehrlich – und wundern sich,
wenn sie ignoriert, ersetzt oder betrogen werden.

Wer Einfluss dauerhaft sichern will, muss
sicherstellen, dass seine Abwesenheit eine Leerstelle
hinterlässt, die nicht einfach zu schließen ist. Es reicht
nicht, sichtbar zu sein – man muss spürbar fehlen,
wenn man geht. Macht ist nicht nur Präsenz, sondern
auch das, was nach dem Rückzug bleibt: ein Vakuum,
das andere nicht ohne Weiteres füllen können.

Warum Abhängigkeit ein Fundament von Macht ist:

Abhängige Menschen riskieren keinen Bruch.

Wer weiß, dass sein eigenes Vorankommen ohne
deine Unterstützung scheitern würde, wird dich kaum
leichtfertig zur Seite schieben. Dein Verlust bedeutet
seinen Nachteil. Die Angst vor eigenem Scheitern
diszipliniert die Loyalität. Abhängigkeit ist damit
nicht nur ein praktisches, sondern auch ein
psychologisches Bindemittel.

Abhängigkeit schafft Bindung auf mehreren Ebenen.

Beziehungen in beruflichen und privaten Kontexten entstehen nicht allein durch Sympathie. Wer für andere unentbehrlich ist – durch Wissen, Kontakte, Zugang, Schutz oder Einfluss – wird zu einer tragenden Säule, auf die niemand verzichten will. Diese Form der Verflechtung schweißt nicht nur funktional, sondern auch emotional zusammen. Es entsteht das Gefühl: "Ohne diese Person könnte ich nicht bestehen."

Unersetzbarkeit bietet Schutz in unsicheren Zeiten.

Wer eine zentrale Rolle einnimmt, wird selbst bei Umstrukturierungen, Entlassungen oder politischen Machtwechseln geschont. Wer gebraucht wird, wird behalten. Er wird übersehen, wenn es um Kürzungen geht, weil sein Wert offensichtlich ist. Macht bedeutet in solchen Situationen nicht nur, Entscheidungen zu treffen, sondern schlichtweg, überhaupt nicht zur Disposition zu stehen.

Wie du dir systematisch Abhängigkeit aufbaust:

Erschaffe dir ein exklusives Profil.

Spezialwissen, einzigartige Fähigkeiten oder seltene Erfahrungen machen dich unvergleichlich. Wer etwas kann, was andere nicht beherrschen, wird zur Schachfigur, die man nicht opfert. Dabei geht es nicht nur um Fachwissen, sondern auch um soziale Intelligenz, Vertrauen, Erfahrung – alles, was nicht einfach zu kopieren ist.

Beispiel: Ein Entwickler, der ein sicherheitskritisches System programmiert und als Einziger dessen Logik versteht, bleibt im Unternehmen, selbst wenn alle anderen rotieren. Solche Schlüsselrollen sind nicht zu unterschätzen, denn sie verwandeln Fachwissen in politische Unangreifbarkeit.

Teile gezielt, nicht grenzenlos.

Wer alles weitergibt, macht sich entbehrlich. Halte entscheidende Informationen bewusst zurück oder gib sie nur stufenweise weiter. Teile so viel, dass Prozesse laufen können – aber nie so viel, dass du selbst entbehrlich wirst.

Beispiel: Eine Projektleiterin verteilt Aufgaben, aber behält die Planungshoheit. Ohne ihre Koordination würde das Projekt ins Chaos kippen. Das Team funktioniert – aber nur mit ihr.

Positioniere dich als Vermittler.

Mach dich zum Knotenpunkt zwischen Menschen, Abteilungen oder Interessengruppen. Wer Verbindungen schafft, wird selbst zur Brücke, die man nicht einreißt. Du musst nicht die Quelle der Macht sein, solange du der Durchgang bist, durch den Macht fließt.

Beispiel: Ein PR-Berater ist nur deshalb unentbehrlich, weil er Kontakte hält, die niemand sonst anzusprechen wagt. Er ist nicht der Entscheider – aber der Ermöglicher.

Mach andere erfolgreich – aber nicht autonom.

Unterstütze andere beim Aufstieg, aber so, dass sie weiterhin auf deine Ressourcen angewiesen bleiben. Förderung ist kein Geschenk, sondern eine Investition in Abhängigkeit.

Beispiel: Ein Coach fördert Talente, gewährt Zugang zu Netzwerken und Wissen – doch der letzte Schlüssel bleibt in seiner Hand. Der Geförderte gedeiht – aber nicht ohne seine Wurzeln.

Historische Parallelen:

Machiavelli riet, Macht so zu strukturieren, dass niemand ohne den Herrscher Vorteile genießt. Die Quelle des Vorteils muss erkennbar bleiben – und darf nie delegiert werden.

Ludwig XIV. schuf ein Hofsystem, in dem Adel nur durch seine Gunst existierte. Kein Titel, keine Position, kein Ansehen ohne seine Zustimmung. Abhängigkeit als Machtarchitektur.

Steve Jobs verband verschiedene Unternehmensbereiche so eng mit sich selbst, dass Apple ohne ihn jahrelang keine ähnliche Innovationskraft entfaltete. Er war nicht nur Ideengeber, sondern integrativer Mittelpunkt – bis zur Unersetzbarkeit.

Modernes Beispiel:

Ein kreativer Stratege wandelt komplexe Ideen in begeisternde Präsentationen. Niemand sonst trifft diesen Ton, kein anderer erzielt vergleichbare Wirkung. Sein Wert steigt mit jeder erfolgreichen Verhandlung. Er nutzt das für mehr Freiheiten, größere Budgets – und bleibt unersetzlich. Seine Präsenz bedeutet Ertrag. Seine Abwesenheit Verlust. So verhandelt er nicht um Position, sondern um Bedeutung.

Risiko: Zu viel Teilen macht entbehrlich

Ein Mitarbeiter, der jede Information offenlegt, jede Anleitung dokumentiert und jedes Problem löst, wird im Zweifel übersehen. Wer ersetzt werden kann, wird ersetzt – trotz Fleiß und Loyalität. In der Logik des Systems zählt nicht, was du gegeben hast, sondern ob man dich noch braucht.

Die emotionale Seite der Abhängigkeit:

Menschen heften sich nicht nur an Nutzen, sondern an Sicherheit. Wer sie unterstützt, ihnen Stabilität gibt, wird idealisiert. Daraus entsteht emotionale Abhängigkeit – oft stärker als sachliche Argumente. Solche Bindungen sind nicht logisch – sie sind instinktiv. Und genau deshalb so wirksam.

Warnung: Macht unauffällig sichern

Wer zu offensichtlich Kontrolle aufbaut, provoziert Widerstand. Lasse Abhängigkeit wie eine natürliche

Dynamik erscheinen. Nicht als Plan, sondern als logische Folge deines Beitrags. Die beste Macht ist die, die als Vertrauen wahrgenommen wird.

Schlussgedanke:

Unersetzlichkeit ist keine Eitelkeit, sondern eine Strategie. Wer wertvoll, selten und notwendig ist, bleibt geschützt – nicht aus Freundschaft, sondern aus klarem Eigeninteresse. Macht entsteht nicht durch Lautstärke, sondern durch Bedeutung. Und Bedeutung entsteht, wenn andere sich fragen: "Wie würden wir das ohne ihn schaffen?"

Mach dich unübersehbar, unersetzlich, unentbehrlich. Dann gehört dir das Spiel.

Wer Einfluss dauerhaft sichern will, muss sicherstellen, dass seine Abwesenheit eine Leerstelle hinterlässt, die nicht einfach zu schließen ist. Es reicht nicht, sichtbar zu sein – man muss spürbar fehlen, wenn man geht. Macht ist nicht nur Präsenz, sondern auch das, was nach dem Rückzug bleibt: ein Vakuum, das andere nicht ohne Weiteres füllen können.

Warum Abhängigkeit ein Fundament von Macht ist:

Abhängige Menschen riskieren keinen Bruch.

Wer weiß, dass sein eigenes Vorankommen ohne deine Unterstützung scheitern würde, wird dich kaum leichtfertig zur Seite schieben. Dein Verlust bedeutet seinen Nachteil. Die Angst vor eigenem Scheitern diszipliniert die Loyalität. Abhängigkeit ist damit nicht nur ein praktisches, sondern auch ein psychologisches Bindemittel.

Abhängigkeit schafft Bindung auf mehreren Ebenen.

Beziehungen in beruflichen und privaten Kontexten entstehen nicht allein durch Sympathie. Wer für andere unentbehrlich ist – durch Wissen, Kontakte, Zugang, Schutz oder Einfluss – wird zu einer tragenden Säule, auf die niemand verzichten will. Diese Form der Verflechtung schweißt nicht nur funktional, sondern auch emotional zusammen. Es entsteht das Gefühl: "Ohne diese Person könnte ich nicht bestehen."

Unersetzbarkeit bietet Schutz in unsicheren Zeiten.

Wer eine zentrale Rolle einnimmt, wird selbst bei Umstrukturierungen, Entlassungen oder politischen Machtwechseln geschont. Wer gebraucht wird, wird behalten. Er wird übersehen, wenn es um Kürzungen geht, weil sein Wert offensichtlich ist. Macht bedeutet in solchen Situationen nicht nur, Entscheidungen zu treffen, sondern schlichtweg, überhaupt nicht zur Disposition zu stehen.

Wie du dir systematisch Abhängigkeit aufbaust:

Erschaffe dir ein exklusives Profil.

Spezialwissen, einzigartige Fähigkeiten oder seltene Erfahrungen machen dich unvergleichlich. Wer etwas kann, was andere nicht beherrschen, wird zur Schachfigur, die man nicht opfert. Dabei geht es nicht nur um Fachwissen, sondern auch um soziale Intelligenz, Vertrauen, Erfahrung – alles, was nicht einfach zu kopieren ist.

Beispiel: Ein Entwickler, der ein sicherheitskritisches System programmiert und als Einziger dessen Logik versteht, bleibt im Unternehmen, selbst wenn alle anderen rotieren. Solche Schlüsselrollen sind nicht zu unterschätzen, denn sie verwandeln Fachwissen in politische Unangreifbarkeit.

Teile gezielt, nicht grenzenlos.

Wer alles weitergibt, macht sich entbehrlich. Halte entscheidende Informationen bewusst zurück oder gib sie nur stufenweise weiter. Teile so viel, dass Prozesse laufen können – aber nie so viel, dass du selbst entbehrlich wirst.

Beispiel: Eine Projektleiterin verteilt Aufgaben, aber behält die Planungshoheit. Ohne ihre Koordination würde das Projekt ins Chaos kippen. Das Team funktioniert – aber nur mit ihr.

Positioniere dich als Vermittler.

Mach dich zum Knotenpunkt zwischen Menschen, Abteilungen oder Interessengruppen. Wer Verbindungen schafft, wird selbst zur Brücke, die man nicht einreißt. Du musst nicht die Quelle der Macht sein, solange du der Durchgang bist, durch den Macht fließt.

Beispiel: Ein PR-Berater ist nur deshalb unentbehrlich, weil er Kontakte hält, die niemand sonst anzusprechen wagt. Er ist nicht der Entscheider – aber der Ermöglicher.

Mach andere erfolgreich – aber nicht autonom.

Unterstütze andere beim Aufstieg, aber so, dass sie weiterhin auf deine Ressourcen angewiesen bleiben. Förderung ist kein Geschenk, sondern eine Investition in Abhängigkeit.

Beispiel: Ein Coach fördert Talente, gewährt Zugang zu Netzwerken und Wissen – doch der letzte Schlüssel bleibt in seiner Hand. Der Geförderte gedeiht – aber nicht ohne seine Wurzeln.

Wie du Informationen gewinnst, ohne sie zu verlangen:

Frage indirekt und menschenzentriert.

Anstatt frontal nach sensiblen Details zu fragen, formuliere Fragen, die auf Empathie, Anteilnahme oder persönliches Interesse abzielen.

Beispiel: „Ich habe gehört, dass bei euch im Team gerade einiges los ist. Wie gehst du persönlich damit um?"

Diese Art von Frage öffnet Türen zu mehr als nur Projektstatus oder Zahlen. Sie bietet Raum für emotionale Entladung, für Einblicke in Spannungen, Unsicherheiten oder Rivalitäten – Dinge, die in sachlichen Gesprächen nie erwähnt würden.

Stille als strategischer Raum.

Schweigen ist ein unterschätztes Instrument. Eine gezielte Pause im Gespräch wirkt oft wie ein Vakuum, das der andere instinktiv füllen will. Wer eine Antwort erwartet und dann nichts sagt, erzeugt beim Gegenüber das Gefühl, nachlegen zu müssen.

Diese unausgesprochene Einladung zur Weitergabe von Informationen ist mächtiger als jede Nachfrage. Gerade in Gesprächen über sensible Themen bringt Schweigen oft die Wahrheit ans Licht.

Körpersprache als Dialogersatz.

Manchmal spricht der Körper lauter als Worte. Wer genau beobachtet, erkennt Unsicherheiten, Spannungen, Lügen oder Verlegenheit. Zucken die Schultern? Wandern die Augen? Wird plötzlich hektisch am Glas genippt?

All das sind Signale, die du lesen kannst – wenn du lernst, nicht nur zu hören, sondern zu sehen. Körpersprache liefert oft die ungeschminkte Version der Wahrheit.

Nähe durch kontrollierte Offenheit.

Vertrauen entsteht durch Gegenseitigkeit. Wenn du bereit bist, kleine persönliche Erfahrungen zu teilen – möglichst harmlos, aber authentisch –, erzeugst du den Eindruck von Nähe.

Beispiel: „In stressigen Phasen merke ich selbst manchmal, wie schnell mir alles zu viel wird. Ich frag mich dann, wie andere das balancieren."

Die Reaktion? Dein Gegenüber wird sich öffnen. Und du erfährst mehr, als du je durch eine direkte Frage herausgefunden hättest.

Praktische Anwendungsszenarien:

Im Unternehmen: Ein externer Berater wird als Coach engagiert. Statt mit Flipchart und Checkliste aufzutreten, sucht er das Gespräch bei Kaffee und Mittagessen. Er hört zu, stellt offene Fragen – und weiß nach wenigen Tagen mehr über die wahren Machtverhältnisse als jeder Manager.

In der Diplomatie: Ein Botschafter wirkt entspannt, jovial. Er streut beiläufig Informationen in Gespräche – über Handelszahlen, politische Strömungen, Gerüchte. Doch was er wirklich tut: Er beobachtet Reaktionen. Er registriert, wo Nervosität entsteht, wer sich zurückzieht, wer mitspielt. In diesem Spiel entscheidet nicht das gesprochene Wort – sondern der unausgesprochene Impuls.

Im sozialen Umfeld: Eine Bekannte wirkt harmlos, zuhörend, präsent. Doch sie erinnert sich an jedes Detail, jedes Zögern, jeden Nebensatz. Wenn ein Konflikt eskaliert, hat sie ein Repertoire an Informationen, mit dem sie subtil lenken, deeskalieren – oder dominieren kann.

Risiken für subtile Machtspieler:

Aufdringlichkeit: Wer zu neugierig wirkt, wird als unangenehm empfunden. Das Gegenüber zieht sich zurück.

Verlust der Tarnung: Wird deine Strategie enttarnt, bist du plötzlich kein Zuhörer mehr, sondern ein Manipulator. Vertrauen zerbricht schnell.

Selbstoffenbarung: Wer zu viel preisgibt, verliert Kontrolle. Taktik ist gut – aber nicht auf Kosten der eigenen Position.

Gegenmittel:

Sprich wenig, aber treffend. Höre aufmerksam, aber scheinbar beiläufig. Zeige Interesse – aber kein Bedürfnis. Und vor allem: Verschwinde rechtzeitig aus dem Fokus, bevor du hinterfragt wirst.

Fazit:

Die Kunst der subtilen Einflussnahme liegt nicht im Beherrschen des Gesprächs – sondern in der Kontrolle über die Richtung, die es nimmt.

Wissen ist Macht. Doch nicht das Wissen, das du laut behauptest. Sondern das, was du heimlich sammelst. In Nebensätzen. In Blicken. In stillen Momenten.

Die beste Tarnung ist Nähe. Der beste Schutz ist Unsichtbarkeit. Der größte Einfluss entsteht dort, wo niemand ihn vermutet.

Handle wie Wasser: still, durchdringend, unaufhaltsam.
Denn wer weiß, was andere denken, hoffen oder fürchten – der ist ihnen immer einen Schritt voraus.

""Konkrete Anwendung im Alltag: Warum halbe Siege gefährlich sind – und wie man sie vermeidet

Macht zeigt sich nicht nur in der Fähigkeit zu siegen – sondern darin, wie gründlich dieser Sieg ist. Im Alltag unterschätzen viele die langfristige Gefahr unvollständiger Auseinandersetzungen. Hier zeigt sich, wie aus einer überstandenen Konfrontation ein späterer Untergang werden kann.

1. Beruflicher Kontext: Der Kollege, der zurückschlägt

Du wirst in einem Teamprojekt von einem Kollegen systematisch untergraben. Er stellt deine Vorschläge in Frage, streut subtile Zweifel an deiner Kompetenz, versucht, dich vor Vorgesetzten schlecht dastehen zu lassen. Du konterst: lieferst ein brillantes Ergebnis, gewinnst die Führung im Projekt, wirst gelobt. Der

Kollege zieht sich zurück – aber bleibt im Unternehmen, in deiner Abteilung, mit Zugang zu denselben Entscheidern.

Was passiert?Er beobachtet. Er wartet. Und er kommt zurück – mit besserer Taktik, mit neuen Verbündeten, mit alten Kränkungen. Er wird Intrigen spinnen, Fehler suchen, dich vor anderen bloßstellen.

Die richtige Strategie:Demontiere ihn nicht direkt – sondern durch seine Taten. Lasse seine Inkompetenz sichtbar werden, indem du ihn Aufgaben überlässt, die er nicht meistern kann. Stelle keine Anschuldigungen – liefere Gelegenheiten, in denen er sich selbst entlarvt. Und wenn der Moment gekommen ist, sorge für seine Versetzung, Entmachtung oder elegante Entfernung.

Halbe Bestrafung = doppeltes Risiko.

2. Freundeskreis: Der toxische Bekannte

Ein vermeintlicher Freund verletzt dein Vertrauen, verbreitet Gerüchte, stellt dich bei anderen bloß. Du konfrontierst ihn, er entschuldigt sich wortreich. Du nimmst es hin – aus alten Zeiten, aus Harmoniebedürfnis. Doch ein halbes Jahr später beginnen dieselben Spiele von vorn. Neue Gerüchte. Neue Zweifel.

Die richtige Strategie:Beende die Verbindung konsequent. Nicht dramatisch – strategisch. Entziehe ihm Zugang zu deinem Umfeld. Erkläre dein

Misstrauen diskret, aber deutlich in deinem Kreis.
Nicht rachsüchtig – sondern präventiv. Schütze dein
Ansehen, bevor er es wieder angreift. Ein Mensch, der
einmal deine Loyalität missbraucht hat, wird es – bei
Gelegenheit – wieder tun.

Vergebung ist menschlich. Vergessen ist gefährlich.

3. Geschäftsleben oder Partnerschaft: Der falsche
Verbündete

Ein Geschäftspartner betrügt dich, hintergeht
Vereinbarungen, manipuliert Zahlen. Du trennst dich.
Die Beziehung endet – scheinbar. Doch du klagst
nicht. Du warnst niemanden. Du verzichtest auf
öffentliche Konsequenzen, aus Anstand oder
Müdigkeit.

Ergebnis?Er macht weiter. Mit anderen. Und du wirst
zum stillen Komplizen seines nächsten Betrugs – weil
du geschwiegen hast.

Die richtige Strategie:Handle öffentlich,
nachvollziehbar, unmissverständlich. Dokumentiere,
informiere, ziehe juristische und geschäftliche
Konsequenzen. Schütze nicht nur dich – sondern auch
andere. So entziehst du ihm das Werkzeug, mit dem er
weiterarbeiten wollte: die Glaubwürdigkeit.

Wahre Gnade besteht darin, künftiges Unrecht zu
verhindern – nicht vergangenes zu verzeihen.

Wann dieses Prinzip nicht angewendet werden sollte:

So mächtig die Lehre des vollständigen Sieges ist – sie gilt nicht immer und nicht überall. Klug ist, wer erkennt, wann der totale Schlag mehr Schaden als Nutzen bringt.

Wenn dein Gegner mächtiger ist als du:Ein offener Angriff kann dich ruinieren. In solchen Fällen ist List deine Waffe: Verzögerung, Umleitung, Täuschung. Du überlebst, indem du nicht auffällst – bis sich das Kräfteverhältnis ändert.

Wenn der Schaden größer wäre als der Nutzen:Rechtliche Auseinandersetzungen, öffentliche Bloßstellungen oder familiäre Brüche können dich langfristig mehr kosten als dein Gegner. Dann ist Kontrolle besser als Konfrontation. Halte den Feind unter Beobachtung, nicht unter Beschuss.

Wenn Zusammenarbeit wertvoller ist als Zerstörung:In Familienunternehmen, politischen Koalitionen oder fragilen Netzwerken kann ein vernichteter Feind ein Loch reißen, das dich selbst schwächt. In diesen Fällen kann es klüger sein, deinen Gegner zu binden – statt ihn zu bekämpfen.

Psychologische Wirkung des vollständigen Sieges:

Ein besiegter Gegner mit Hoffnung bleibt ein Kämpfer.Ein besiegter Gegner ohne Perspektive wird ein Schatten.

Wenn du jemanden nicht nur besiegst, sondern ihm jede Aussicht auf Rückkehr nimmst – sozial, finanziell, emotional –, dann bricht sein Wille. Aus Trotz wird Resignation. Aus Rache wird Rückzug.

Teilzerstörung nährt Widerstand.Vollständige Ausschaltung erzeugt Stille.

Fazit:

Halbe Siege sind gefährlich. Sie hinterlassen Feinde, die lernen, sich sammeln, zurückkehren. Sie säen Rache in stillen Momenten. Und sie rauben dir am Ende mehr Kraft als ein klarer, harter, aber endgültiger Schlag.

Deshalb:Wenn du kämpfst, kämpfe nicht, um zu überleben. Kämpfe, um zu vollenden.Nicht aus Grausamkeit – sondern aus Klugheit.

Denn:

„Ein Feind, den du leben lässt, lebt nur für den Tag, an dem er dich stürzt."

Sieg ist nicht der Moment des Triumphs.Sieg ist der Moment, in dem du weißt:Er kommt nie wieder zurück.""

""Konkrete Anwendung im Alltag: Warum halbe Siege gefährlich sind – und wie man sie vermeidet

Macht zeigt sich nicht nur in der Fähigkeit zu siegen – sondern darin, wie gründlich dieser Sieg ist. Im Alltag unterschätzen viele die langfristige Gefahr unvollständiger Auseinandersetzungen. Hier zeigt sich, wie aus einer überstandenen Konfrontation ein späterer Untergang werden kann.

1. Beruflicher Kontext: Der Kollege, der zurückschlägt

Du wirst in einem Teamprojekt von einem Kollegen systematisch untergraben. Er stellt deine Vorschläge in Frage, streut subtile Zweifel an deiner Kompetenz, versucht, dich vor Vorgesetzten schlecht dastehen zu lassen. Du konterst: lieferst ein brillantes Ergebnis, gewinnst die Führung im Projekt, wirst gelobt. Der Kollege zieht sich zurück – aber bleibt im Unternehmen, in deiner Abteilung, mit Zugang zu denselben Entscheidern.

Was passiert?Er beobachtet. Er wartet. Und er kommt zurück – mit besserer Taktik, mit neuen Verbündeten, mit alten Kränkungen. Er wird Intrigen spinnen, Fehler suchen, dich vor anderen bloßstellen.

Die richtige Strategie:Demontiere ihn nicht direkt – sondern durch seine Taten. Lasse seine Inkompetenz sichtbar werden, indem du ihn Aufgaben überlässt, die er nicht meistern kann. Stelle keine Anschuldigungen – liefere Gelegenheiten, in denen er sich selbst entlarvt. Und wenn der Moment gekommen ist, sorge für seine Versetzung, Entmachtung oder elegante Entfernung.

Halbe Bestrafung = doppeltes Risiko.

2. Freundeskreis: Der toxische Bekannte

Ein vermeintlicher Freund verletzt dein Vertrauen, verbreitet Gerüchte, stellt dich bei anderen bloß. Du konfrontierst ihn, er entschuldigt sich wortreich. Du nimmst es hin – aus alten Zeiten, aus Harmoniebedürfnis. Doch ein halbes Jahr später beginnen dieselben Spiele von vorn. Neue Gerüchte. Neue Zweifel.

Die richtige Strategie:Beende die Verbindung konsequent. Nicht dramatisch – strategisch. Entziehe ihm Zugang zu deinem Umfeld. Erkläre dein Misstrauen diskret, aber deutlich in deinem Kreis. Nicht rachsüchtig – sondern präventiv. Schütze dein Ansehen, bevor er es wieder angreift. Ein Mensch, der einmal deine Loyalität missbraucht hat, wird es – bei Gelegenheit – wieder tun.

Vergebung ist menschlich. Vergessen ist gefährlich.

3. Geschäftsleben oder Partnerschaft: Der falsche Verbündete

Ein Geschäftspartner betrügt dich, hintergeht Vereinbarungen, manipuliert Zahlen. Du trennst dich. Die Beziehung endet – scheinbar. Doch du klagst nicht. Du warnst niemanden. Du verzichtest auf öffentliche Konsequenzen, aus Anstand oder Müdigkeit.

Ergebnis?Er macht weiter. Mit anderen. Und du wirst zum stillen Komplizen seines nächsten Betrugs – weil du geschwiegen hast.

Die richtige Strategie:Handle öffentlich, nachvollziehbar, unmissverständlich. Dokumentiere, informiere, ziehe juristische und geschäftliche Konsequenzen. Schütze nicht nur dich – sondern auch andere. So entziehst du ihm das Werkzeug, mit dem er weiterarbeiten wollte: die Glaubwürdigkeit.

Wahre Gnade besteht darin, künftiges Unrecht zu verhindern – nicht vergangenes zu verzeihen.

Wann dieses Prinzip nicht angewendet werden sollte:

So mächtig die Lehre des vollständigen Sieges ist – sie gilt nicht immer und nicht überall. Klug ist, wer erkennt, wann der totale Schlag mehr Schaden als Nutzen bringt.

Wenn dein Gegner mächtiger ist als du:Ein offener Angriff kann dich ruinieren. In solchen Fällen ist List deine Waffe: Verzögerung, Umleitung, Täuschung. Du überlebst, indem du nicht auffällst – bis sich das Kräfteverhältnis ändert.

Wenn der Schaden größer wäre als der Nutzen:Rechtliche Auseinandersetzungen, öffentliche Bloßstellungen oder familiäre Brüche können dich langfristig mehr kosten als dein Gegner. Dann ist Kontrolle besser als Konfrontation. Halte den Feind unter Beobachtung, nicht unter Beschuss.

Wenn Zusammenarbeit wertvoller ist als Zerstörung:In Familienunternehmen, politischen Koalitionen oder fragilen Netzwerken kann ein vernichteter Feind ein Loch reißen, das dich selbst schwächt. In diesen Fällen kann es klüger sein, deinen Gegner zu binden – statt ihn zu bekämpfen.

Psychologische Wirkung des vollständigen Sieges:

Ein besiegter Gegner mit Hoffnung bleibt ein Kämpfer.Ein besiegter Gegner ohne Perspektive wird ein Schatten.

Wenn du jemanden nicht nur besiegst, sondern ihm jede Aussicht auf Rückkehr nimmst – sozial, finanziell, emotional –, dann bricht sein Wille. Aus Trotz wird Resignation. Aus Rache wird Rückzug.

Teilzerstörung nährt Widerstand.Vollständige Ausschaltung erzeugt Stille.

Die Alternative zur Festung: Das Netzwerk

Wenn die Gefahr wächst, ziehen sich viele in ihre „innere Burg" zurück. Sie schweigen, meiden Kontakte, hoffen, dass Isolation sie schützt. Doch genau das ist der Anfang vom Ende.In Wahrheit liegt die stärkste Form der Verteidigung nicht in Mauern – sondern in Menschen.

Ein starkes Netzwerk ersetzt jede Festung.

Ein lebendiges Netzwerk gibt dir:

Informationen, die du allein nie erhalten würdest.

Schutz, weil andere dich warnen, wenn Gefahr droht.

Einfluss, weil du über andere wirken kannst, ohne selbst präsent zu sein.

Flexibilität, weil du dich über Beziehungen an neue Gegebenheiten anpassen kannst.

Strategien zum Aufbau deines Schutznetzwerks:

Zeige dich – bleib sichtbar:Sei regelmäßig präsent. Nimm an relevanten Treffen teil. Pflege Kontakte aktiv – nicht erst, wenn du sie brauchst.

Bilde breite Allianzen – auch außerhalb deiner „Welt":Verlasse deine Komfortzone. Suche Gespräche mit Menschen aus anderen Abteilungen, Branchen, Kulturen. Stärke kommt durch Vielfalt.

Höre mehr als du sprichst:Information ist Macht – und Informationen bekommt, wer zuhört. Frage klug, sei aufmerksam, speichere leise, was andere laut sagen.

Sei offen – aber dosiert:Zeige dich menschlich, teile Dinge, die Vertrauen schaffen – aber nie so viel, dass man dich manipulieren kann.

Gib, bevor du nimmst:Hilf anderen, ohne sofortige Gegenleistung. So baust du stille Verpflichtungen auf – ein unsichtbares Kapital, das du bei Bedarf abrufen kannst.

Metapher: Das Rudel schützt sich

In der Wildnis überlebt nicht der Stärkste – sondern der, der Teil eines Rudels ist.Ein Rudel hat Augen in alle Richtungen, Ohren für jedes Geräusch, und Zähne für jede Bedrohung. Der Einzelgänger mag frei wirken – aber er stirbt zuerst.

Fazit:

Die moderne Welt ist kein Ort der Isolation, sondern des ständigen Austauschs. Wer sich abschottet, verliert Zugriff auf alles, was zählt: Informationen, Einfluss, Verbündete.Sich zu isolieren heißt, sich zu entmachten.

Die wahre Festung ist nicht aus Stein – sondern aus Vertrauen gebaut.

Deshalb:Suche nicht Mauern – suche Menschen.Pflege keine Barrieren – pflege Beziehungen.Denn wer Teil eines Netzwerks ist, wird nicht so leicht gestürzt.

Merksatz:Die sicherste Festung steht nicht im Gelände – sondern in den Köpfen derer, die dich schützen."

Psychologische Grundlage: Warum das Ego deine mächtigste Waffe sein kann

Hinter jeder Maske von Macht, Wissen oder Arroganz verbirgt sich ein grundlegendes menschliches Bedürfnis: das Verlangen nach Überlegenheit. Menschen wollen recht behalten. Sie möchten sich klüger, erfahrener, souveräner fühlen als ihr Gegenüber. Dieses Bedürfnis ist keine Schwäche – es ist ein Einfallstor.

Und genau hier liegt deine stille Waffe: die Fähigkeit, dieses Bedürfnis gezielt zu füttern. Wenn du dich – scheinbar – unwissend gibst, verwirrt fragst, naiv wirkst oder dich klein machst, erreichst du etwas Großes: Dein Gegenüber senkt die Deckung. Er fühlt sich überlegen. Und im Überschwang dieses Egos zeigt er dir mehr, als er je beabsichtigt hätte.

Warum das funktioniert:Dominanz erzeugt Sorglosigkeit. Wer glaubt, das Spiel zu kontrollieren, spielt unachtsam. Wer sich überlegen fühlt, unterschätzt sein Gegenüber. In genau diesem Moment – wenn der andere dich für schwach, ahnungslos oder abhängig hält – kannst du das wahre Spiel lesen. Du siehst seine Karten, seine Beweggründe, seine Fehler.

Berühmte Beispiele aus Geschichte, Wirtschaft und Kultur

1. Sokrates: Der scheinbar UnwissendeDer griechische Philosoph Sokrates war berüchtigt dafür,

sich dümmer zu stellen, als er war. Mit seiner Fragetechnik („Sokratischer Dialog") stellte er einfache, scheinbar naive Fragen – doch führte seine Gesprächspartner dadurch in intellektuelle Sackgassen. Sie entlarvten sich selbst – durch das eigene Ego, das zeigen wollte, wie klug es war.

2. Liu Bei: Der unterschätzte StrategeIm chinesischen Epos „Die drei Reiche" tritt Liu Bei lange Zeit als zurückhaltender, schwacher Fürst auf. In Wahrheit jedoch nutzt er genau diese Rolle, um Gegner zu täuschen, Allianzen zu schmieden und sein Reich aufzubauen. Seine Zurückhaltung war nicht Unfähigkeit – sondern Tarnung.

3. Columbo: Der scheinbar zerstreute ErmittlerIn der gleichnamigen Serie wirkt Inspektor Columbo wie ein unstrukturierter, vergesslicher Beamter. Doch hinter der Fassade verbirgt sich ein messerscharfer Verstand. Gerade weil seine Verdächtigen ihn nicht ernst nehmen, übersehen sie ihre eigenen Fehler. Und Columbo – scheinbar harmlos – schlägt im richtigen Moment zu.

4. Der stille GründerEin junger Gründer präsentiert sich bei Investoren als vorsichtig, neugierig, fast unbeholfen. Die Investoren unterschätzen ihn, teilen zu viele Details, glauben, sie könnten ihn steuern. Monate später hat er die Marktmechanik durchschaut – und gründet ein Unternehmen, das ihre Modelle überholt. Seine Naivität war ein Bluff.

So setzt du diese Strategie selbst ein:

1. Wähle gezielt deine RolleDiese Taktik ist nicht für
jede Bühne. Wende sie an, wenn dein Gegenüber
dominant, misstrauisch, kontrollierend oder
statusbewusst ist. Dein Ziel: seine Aufmerksamkeit
auf dein scheinbares Unwissen lenken – damit er dich
unterschätzt.

2. Stelle klug-naive Fragen„Warum macht man das
eigentlich so?"„Klingt spannend – aber ich verstehe
das nicht ganz, kannst du's erklären?"

Solche Sätze wirken unschuldig, laden zum Erklären
ein – doch in Wahrheit entlocken sie Informationen,
Denkfehler und unausgesprochene Motive.

3. Lass dich unterschätzen – mit AbsichtWer als
harmlos gilt, wird nicht bekämpft. Wer naiv wirkt,
bekommt mehr erklärt. Dein Gegner fühlt sich
überlegen – und zeigt dir sein wahres Gesicht.

4. Täusche Unverständnis – um zu
vertiefenWiederhole Fragen, tue verwundert,
missverstehe absichtlich. Drei Nachfragen bringen oft
drei verschiedene Versionen – und damit:
Widersprüche. Die Menschen reden sich selbst um
Kopf und Kragen, wenn sie sich erklären wollen.

Aber Achtung:
Diese Strategie ist kein Aufruf zur Selbstverleugnung.
Du versteckst deine Stärke nicht, weil du dich
schwach fühlst – sondern weil es dir Kontrolle gibt.

Du ziehst nicht den Kopf ein, du setzt die Maske auf. Das ist ein Unterschied.

Setze diese Taktik nicht ein, wenn:

Du Vertrauen brauchst oder Führung zeigen musst

Dein Umfeld aus Verbündeten besteht

Dein Gegner selbst manipulierend, gefährlich oder unberechenbar ist

Fazit:

Täusche Unterlegenheit – um ungehindert zu handeln. Lass dein Ego im Schatten – und das des Gegners ins Licht treten. Denn wer im Scheinwerfer steht, wird sichtbar. Und verletzlich.

Du wirst nicht mächtig, indem du klug wirkst. Du wirst mächtig, indem du deine Klugheit zur Tarnung machst.

Merksätze:

Wer für harmlos gehalten wird, kann am stärksten zuschlagen.

Intelligenz entfaltet sich am wirksamsten im Schatten.

Nur wer seine Kraft verbirgt, kontrolliert das Spielfeld wirklich.

1. Die strategische Bedeutung: Der „Entscheidungsknoten"

In jeder sozialen Struktur – sei es eine Gruppe von Freunden, ein Unternehmen, eine Schulklasse oder ein Online-Netzwerk – gibt es *Meinungsführer*, *Entscheider* oder *Schlüsselpersonen*. Diese Individuen sind wie Schaltzentralen: Sie prägen, was andere denken, fühlen und sagen. Wenn du sie erreichst, erreichst du durch sie den Rest.

Wer z. B. die Gunst eines charismatischen Gruppenführers gewinnt, wird automatisch von der Gruppe respektiert. Umgekehrt kannst du dich abstrampeln, wenn du versuchst, jedes einzelne Gruppenmitglied einzeln zu beeindrucken – ohne nachhaltigen Erfolg.

—

2. Beispiel: Julius Caesar – Der Rubikon und die Macht Rom

Als Julius Caesar sich in einem Machtkampf mit dem römischen Senat wiederfand, hätte er sich auf viele kleinere Provinzen oder Unterstützer konzentrieren können. Stattdessen marschierte er gezielt nach Rom – dem Zentrum der politischen Macht. Sein berühmter Schritt über den Fluss Rubikon war ein strategischer Akt der Konzentration: Er wusste, dass die Kontrolle über Rom automatisch die Kontrolle über den gesamten Staat bedeutete.

—

Beispiel 3: Schule, Uni oder Büro – Soziale
Hebelpunkte nutzen

Neue soziale Umfelder – ob in einer Schulklasse, an
der Universität oder in der Arbeitswelt –
funktionieren niemals gleichberechtigt. Sie folgen
nicht dem Prinzip der demokratischen Fairness,
sondern sind geprägt von inoffiziellen, aber sehr
wirksamen Hierarchien. In jeder Gruppe gibt es
Menschen, die Einfluss ausüben, ohne dafür ein
offizielles Amt zu brauchen. Sie definieren, was
akzeptiert wird, welche Meinung „in" ist, was als cool
gilt – und was nicht.

Ein strategisch denkender Mensch versucht nicht, sich
überall beliebt zu machen. Denn wer es allen recht
machen will, wirkt schnell verzweifelt, künstlich oder
unehrlich. Stattdessen: Analysiere die
Gruppendynamik. Identifiziere den sozialen
Brennpunkt – die Person, die Gespräche dominiert,
deren Meinung Gewicht hat, deren Lachen andere
mitlachen lässt.

Stelle dir gezielte Fragen:

Wer gibt den Ton an, auch ohne viel zu reden?

Auf wessen Zustimmung achten die anderen
besonders?

Wer zieht die Blicke auf sich, auch wenn er oder sie schweigt?

Diese Person ist dein sozialer Katalysator. Richte deine Energie auf sie – aber nicht im Sinne von Schleimerei. Sondern durch echtes, unaufdringliches Interesse. Lass sie bemerken, dass du zuhörst, ihre Ideen verstehst, gelegentlich unterstützt – ohne dich selbst zu verleugnen. Gib in der Gruppe Bestätigung, wenn sie etwas sagt. Baue Resonanz auf, statt krampfhaft nach Nähe zu suchen. Sobald diese zentrale Figur dich als wertvoll oder vertrauenswürdig einstuft, wirst du von der gesamten Gruppe anders wahrgenommen.

Gruppen folgen unbewusst ihrem Zentrum. Wenn du dort Anschluss findest, folgen die Ränder von selbst.

Beispiel 4: Verhandlungen und Machtspiele – Finde den wahren Entscheider

Ob in Geschäftsverhandlungen, politischen Prozessen oder institutionellen Machtspielen – die Person mit der lautesten Stimme ist oft nur die Fassade. Die eigentlichen Entscheidungen fallen hinter den Kulissen. Wahre Strategen wissen: Es ist nicht die Bühne, die zählt, sondern der Regisseur im Hintergrund.

Deine Aufgabe ist es, in jeder komplexen Konstellation die Machtverhältnisse zu durchdringen:

Wer spricht – und wer entscheidet?

Wer wird konsultiert, bevor ein finales Urteil gefällt
wird?

Wer sagt wenig, aber hört alles?

Wenn du den Einflussgeber erkennst – sei es ein
stiller Chef, ein langjähriger Informant, eine graue
Eminenz –, dann fokussiere dich auf ihn oder sie.
Nicht auffällig, nicht aggressiv – sondern taktisch:
durch passende Argumente, durch das Einnehmen
gemeinsamer Perspektiven, durch Respekt ohne
Anbiederung.

Vergeude keine Energie an diejenigen, die laut sind,
aber keine Entscheidungen treffen. Die wahre
Kontrolle liegt fast immer dort, wo am wenigsten
gesprochen wird.

Beispiel 5: Marketing, Einfluss und gesellschaftliche
Wirkung – Der Multiplikator-Effekt

In der Welt des Einflusses ist nicht Quantität
entscheidend – sondern Relevanz. Marken,
Bewegungen, Ideen – sie wachsen nicht dadurch, dass
sie von Anfang an alle erreichen. Sie wachsen, weil sie
die Richtigen erreichen.

Apple ist nicht deshalb zum Kult geworden, weil es
jeden ansprach. Sondern weil es eine kleine,
anspruchsvolle, kreative Gruppe faszinierte –
Designer, Musiker, Künstler, Denker. Diese Zielgruppe
hatte keinen großen Marktanteil, aber ein hohes Maß

an gesellschaftlicher Strahlkraft. Ihre Nutzung signalisierte Geschmack, Fortschritt, Individualität – und wurde zur sozialen Vorlage für andere.

Das Prinzip lautet: Erreiche die Einflussreichsten – nicht die Mehrheit. Wenn du eine Botschaft platzieren willst, ein Produkt, eine Idee oder ein Image, dann frage dich:

Wer beeinflusst die Meinung anderer?

Wer wird beobachtet, nachgeahmt, zitiert?

Wer setzt Trends – bewusst oder unbewusst?

Wenn du diesen Kreis überzeugst, erledigt sich der Rest durch Sogwirkung. Du sendest nicht in die Menge – du infizierst den Multiplikator.

Psychologische Grundlage: Fokussierte Kraft = Überlegene Wirkung

Energie ist endlich – Aufmerksamkeit, Zeit, Einfluss ebenso. Wer seine Kraft zerstreut, verliert an Tiefe. Wer sie konzentriert, durchdringt.

Der Unterschied zwischen einem Glühbirnenstrahl und einem Laser ist nicht das Licht – es ist die Bündelung. Der Laser bündelt Licht in einem Punkt – und schneidet durch Stahl. Die Glühbirne verteilt es breit – und wärmt ein Zimmer. Beide haben Wirkung. Aber nur einer verändert Materie.

Auch sozial gilt: Fokussierte Aufmerksamkeit erzeugt Druck. Druck erzeugt Wirkung. Wirkung erzeugt Wandel.

Fazit: Wähle den Hebel, nicht die Menge

Ein Hebel braucht nicht viel Kraft – nur den richtigen Punkt. Einfluss ist kein Produkt von Lautstärke, sondern von Präzision.

Finde in jeder Situation den sozialen, strukturellen oder psychologischen Angriffspunkt. Richte deine Energie dorthin. Und dann – bleibe dort. Konsequent. Beharrlich. Strategisch. Denn wenn du dort Wirkung erzielst, bewegt sich das ganze System.

Merksätze:

Wer alle überzeugen will, überzeugt niemanden.

Konzentriere dich auf den Punkt mit dem höchsten Einfluss – nicht auf die Masse.

Wer den Hebel findet, kann mit einem Finger die Richtung der Welt verändern.

—

Ein makelloses Bild schützt dich – deine Macht, deinen Einfluss, dein Lebenswerk.

6. Praktische Umsetzung: Wie du dich neu erschaffst – Strategisch, symbolisch, bewusst

Die eigene Identität ist kein starres Konstrukt. Sie ist gestaltbar, anpassbar, inszenierbar. Wer Einfluss gewinnen will – in Gruppen, Organisationen, Gesellschaften – muss verstehen: Nicht das, was du bist, zählt. Sondern das, was du zeigst. Und das beginnt mit einem mutigen Schritt: der bewussten Neuerfindung.

Stelle dir folgende Fragen als Ausgangspunkt:

Welche Geschichte erzähle ich bisher über mich – und dient sie mir noch?

Welche Wirkung habe ich auf andere – und wie will ich tatsächlich wahrgenommen werden?

Welche Symbole, Farben, Gesten, Kleidung, Sprache, Haltung entsprechen meiner gewünschten Rolle?

Dann: Beginne die Transformation – nicht plötzlich, sondern systematisch.
Erschaffe ein Narrativ über dich selbst, das kraftvoller ist als dein Alltag. Ein Image, das neugierig macht. Eine Präsenz, die nicht ignoriert werden kann. Wähle deine Sprache, deine Ausdrucksweise, dein äußeres Erscheinungsbild als Teil deines „öffentlichen Bühnenbilds". Füge Details hinzu, die zu Symbolen werden: eine wiedererkennbare Jacke, ein bestimmter Satz, eine Haltung, die dich unverwechselbar macht.

Inszeniere dich wie eine Romanfigur: mit Tiefe, mit Widersprüchen, mit Stil. Die Welt erinnert sich nicht

an die Neutralen – sie erinnert sich an die, die aus der
Ordnung herausstechen.

→ Du bist kein bloßer Teilnehmer. Du bist die
Hauptfigur deines eigenen Mythos.

Lass dich dabei von Archetypen und großen
Persönlichkeiten inspirieren: Der Visionär, die
Rebellin, der geheimnisvolle Mentor, die
charismatische Außenseiterin. Welche Energie willst
du verkörpern? Wofür willst du stehen? Jeder Mensch
kann ein Symbol werden – wenn er bereit ist, sich zu
stilisieren, ohne sich zu verlieren.

Und: Wiederhole deine neue Rolle konsequent.
Sichtbarkeit entsteht durch Wiedererkennung. Was
du ausstrahlst, wird irgendwann geglaubt – und
schließlich Realität.

7. Warum Dramatik essenziell ist: Sichtbarkeit =
strategisches Kapital

In einer Ära der Dauerbeschallung reicht es nicht,
„gut" zu sein. Qualität ohne Sichtbarkeit ist wie ein
Gemälde in einem verschlossenen Raum. Wer gesehen
werden will – und Einfluss ausüben will –, braucht
gezielte Dramatik.

Dramatik ist nicht Theater. Es ist Fokus. Es ist Stil, der
nicht übersehen werden kann. Es ist die Fähigkeit,
Aufmerksamkeit zu kanalisieren – und durch sie
Macht aufzubauen.

Dramatik entsteht durch:

Überraschung: Brich Erwartungen bewusst, aber gezielt.

Stille: Wer im richtigen Moment schweigt, erzeugt mehr Spannung als durch Reden.

Kontrast: Kombiniere Widersprüche – z. B. Strenge mit Charme, Intellekt mit Wildheit.

Symbolik: Nutze Farben, Gegenstände, Rituale, die Bedeutung über sich selbst hinaus tragen.

Timing: Trete auf, wenn andere abwesend sind. Sprich, wenn es niemand erwartet. Präsentiere dich, wenn es strategisch wirkt – nicht impulsiv.

Wiedererkennbare Eigenheiten: Ein Blick, ein Accessoire, ein Signature Move. Etwas, das dich sofort identifizierbar macht – ohne dass du anwesend sein musst.

Wer so auftritt, bleibt haften. Wird beobachtet. Wird imitiert. Wird analysiert.

Denn: Menschen folgen nicht nur Kompetenz. Sie folgen Faszination. Und Faszination braucht Inszenierung. Nicht alles muss extrem sein – aber alles muss eine klare Form haben.

Fazit: Erfinde dich neu – und erfinde dich größer

Die Rollen, die dir das Leben bisher gegeben hat, waren nie neutral. Sie waren oft eng, zufällig oder fremdbestimmt. Doch das Spiel der Macht verlangt eine eigene Bühne – und ein selbst entworfenes Skript.

Werde nicht, wer du bist – werde, wer du sein willst. Und tue das nicht leise. Sondern sichtbar. Mit Stil. Mit Tiefe. Mit Wirkung.

Ein machtvoller Mensch wirkt nicht authentisch, weil er „natürlich" ist – sondern weil er gelernt hat, sich selbst zu gestalten.

→ Sei nicht bloß eine Person. Sei ein Symbol. Eine Geschichte. Eine Marke, die man nicht vergisst.

Denn letztlich gilt: Nur wer sich selbst entwirft, entkommt der Entwertung durch andere. Wer sich selbst definiert, entzieht sich der Definition.

Merksätze:

Identität ist kein Schicksal – sie ist Design.

Sichtbarkeit ist keine Eitelkeit – sie ist strategische Notwendigkeit.

Wer sich neu erschafft, schafft nicht nur sich – sondern auch seinen Platz in der Welt.

Inszenierung ist kein Verrat an der Wahrheit – sie ist die bewusste Wahl, wie Wahrheit erscheinen soll.

6. Praktische Umsetzung: Wie du dich neu erschaffst –
Strategisch, symbolisch, bewusst

Die eigene Identität ist kein starres Konstrukt. Sie ist
gestaltbar, anpassbar, inszenierbar. Wer Einfluss
gewinnen will – in Gruppen, Organisationen,
Gesellschaften – muss verstehen: Nicht das, was du
bist, zählt. Sondern das, was du zeigst. Und das
beginnt mit einem mutigen Schritt: der bewussten
Neuerfindung.

Stelle dir folgende Fragen als Ausgangspunkt:

Welche Geschichte erzähle ich bisher über mich – und
dient sie mir noch?

Welche Wirkung habe ich auf andere – und wie will
ich tatsächlich wahrgenommen werden?

Welche Symbole, Farben, Gesten, Kleidung, Sprache,
Haltung entsprechen meiner gewünschten Rolle?

Dann: Beginne die Transformation – nicht plötzlich,
sondern systematisch.
Erschaffe ein Narrativ über dich selbst, das kraftvoller
ist als dein Alltag. Ein Image, das neugierig macht.
Eine Präsenz, die nicht ignoriert werden kann. Wähle
deine Sprache, deine Ausdrucksweise, dein äußeres
Erscheinungsbild als Teil deines „öffentlichen
Bühnenbilds". Füge Details hinzu, die zu Symbolen
werden: eine wiedererkennbare Jacke, ein

bestimmter Satz, eine Haltung, die dich
unverwechselbar macht.

Inszeniere dich wie eine Romanfigur: mit Tiefe, mit
Widersprüchen, mit Stil. Die Welt erinnert sich nicht
an die Neutralen – sie erinnert sich an die, die aus der
Ordnung herausstechen.

→ Du bist kein bloßer Teilnehmer. Du bist die
Hauptfigur deines eigenen Mythos.

Lass dich dabei von Archetypen und großen
Persönlichkeiten inspirieren: Der Visionär, die
Rebellin, der geheimnisvolle Mentor, die
charismatische Außenseiterin. Welche Energie willst
du verkörpern? Wofür willst du stehen? Jeder Mensch
kann ein Symbol werden – wenn er bereit ist, sich zu
stilisieren, ohne sich zu verlieren.

Und: Wiederhole deine neue Rolle konsequent.
Sichtbarkeit entsteht durch Wiedererkennung. Was
du ausstrahlst, wird irgendwann geglaubt – und
schließlich Realität.

7. Warum Dramatik essenziell ist: Sichtbarkeit =
strategisches Kapital

In einer Ära der Dauerbeschallung reicht es nicht,
„gut" zu sein. Qualität ohne Sichtbarkeit ist wie ein
Gemälde in einem verschlossenen Raum. Wer gesehen
werden will – und Einfluss ausüben will –, braucht
gezielte Dramatik.

Dramatik ist nicht Theater. Es ist Fokus. Es ist Stil, der nicht übersehen werden kann. Es ist die Fähigkeit, Aufmerksamkeit zu kanalisieren – und durch sie Macht aufzubauen.

Dramatik entsteht durch:

Überraschung: Brich Erwartungen bewusst, aber gezielt.

Stille: Wer im richtigen Moment schweigt, erzeugt mehr Spannung als durch Reden.

Kontrast: Kombiniere Widersprüche – z. B. Strenge mit Charme, Intellekt mit Wildheit.

Symbolik: Nutze Farben, Gegenstände, Rituale, die Bedeutung über sich selbst hinaus tragen.

Timing: Trete auf, wenn andere abwesend sind. Sprich, wenn es niemand erwartet. Präsentiere dich, wenn es strategisch wirkt – nicht impulsiv.

Wiedererkennbare Eigenheiten: Ein Blick, ein Accessoire, ein Signature Move. Etwas, das dich sofort identifizierbar macht – ohne dass du anwesend sein musst.

Wer so auftritt, bleibt haften. Wird beobachtet. Wird imitiert. Wird analysiert.

Denn: Menschen folgen nicht nur Kompetenz. Sie folgen Faszination. Und Faszination braucht

Inszenierung. Nicht alles muss extrem sein – aber alles muss eine klare Form haben.

Fazit: Erfinde dich neu – und erfinde dich größer

Die Rollen, die dir das Leben bisher gegeben hat, waren nie neutral. Sie waren oft eng, zufällig oder fremdbestimmt. Doch das Spiel der Macht verlangt eine eigene Bühne – und ein selbst entworfenes Skript.

Werde nicht, wer du bist – werde, wer du sein willst. Und tue das nicht leise. Sondern sichtbar. Mit Stil. Mit Tiefe. Mit Wirkung.

Ein machtvoller Mensch wirkt nicht authentisch, weil er „natürlich" ist – sondern weil er gelernt hat, sich selbst zu gestalten.

→ Sei nicht bloß eine Person. Sei ein Symbol. Eine Geschichte. Eine Marke, die man nicht vergisst.

Denn letztlich gilt: Nur wer sich selbst entwirft, entkommt der Entwertung durch andere. Wer sich selbst definiert, entzieht sich der Definition.

Merksätze:

Identität ist kein Schicksal – sie ist Design.

Sichtbarkeit ist keine Eitelkeit – sie ist strategische Notwendigkeit.

Wer sich neu erschafft, schafft nicht nur sich –
sondern auch seinen Platz in der Welt.

Inszenierung ist kein Verrat an der Wahrheit – sie ist
die bewusste Wahl, wie Wahrheit erscheinen soll.

Zusatzfazit: Bleib sauber – im Anschein, nicht in der
Aktion

In einem Spiel, das von Wirkung und Wahrnehmung
lebt, zählt nicht nur, was du tust – sondern vor allem,
wie es aussieht. Die Welt urteilt nicht nach deinen
Absichten, sondern nach dem Bild, das du erzeugst.
Und dieses Bild muss unberührbar erscheinen.

Lenke, beeinflusse, forme – aber tu es mit Präzision
und Eleganz. Die Spuren deiner Macht sollen sichtbar
sein, nicht deine Fingerabdrücke. Lass andere die
Schachfiguren bewegen, wenn nötig. Du bleibst der
unsichtbare Spieler am Rand des Brettes.

Trage Verantwortung, aber nie offen Schuld. Wenn
sich der Sturm erhebt, sollen andere namentlich
genannt werden – nicht du. Wenn Kritik kommt, tritt
als Vermittler auf, nicht als Initiator. Wenn
Entscheidungen unbequem sind, sei deren
Vollstrecker durch Dritte – nie deren Ursprung.

Denn wer im Zentrum steht und zugleich als makellos
gilt, gewinnt doppelt: Vertrauen und Respekt. Bleib
moralisch mehrdeutig, aber ästhetisch rein.
Präsentiere dich als Lichtgestalt – selbst wenn du im
Schatten die Fäden ziehst.

➡ Wer Kontrolle mit Reinheit kombiniert, wird nicht nur gefürchtet – sondern bewundert.

6. Praktische Umsetzung: Wie du dich neu erschaffst – Strategisch, symbolisch, bewusst

Die eigene Identität ist kein starres Konstrukt. Sie ist gestaltbar, anpassbar, inszenierbar. Wer Einfluss gewinnen will – in Gruppen, Organisationen, Gesellschaften – muss verstehen: Nicht das, was du bist, zählt. Sondern das, was du zeigst. Und das beginnt mit einem mutigen Schritt: der bewussten Neuerfindung.

Stelle dir folgende Fragen als Ausgangspunkt:

Welche Geschichte erzähle ich bisher über mich – und dient sie mir noch?

Welche Wirkung habe ich auf andere – und wie will ich tatsächlich wahrgenommen werden?

Welche Symbole, Farben, Gesten, Kleidung, Sprache, Haltung entsprechen meiner gewünschten Rolle?

Dann: Beginne die Transformation – nicht plötzlich, sondern systematisch.
Erschaffe ein Narrativ über dich selbst, das kraftvoller ist als dein Alltag. Ein Image, das neugierig macht.
Eine Präsenz, die nicht ignoriert werden kann. Wähle deine Sprache, deine Ausdrucksweise, dein äußeres Erscheinungsbild als Teil deines „öffentlichen

Bühnenbilds". Füge Details hinzu, die zu Symbolen werden: eine wiedererkennbare Jacke, ein bestimmter Satz, eine Haltung, die dich unverwechselbar macht.

Inszeniere dich wie eine Romanfigur: mit Tiefe, mit Widersprüchen, mit Stil. Die Welt erinnert sich nicht an die Neutralen – sie erinnert sich an die, die aus der Ordnung herausstechen.

→ Du bist kein bloßer Teilnehmer. Du bist die Hauptfigur deines eigenen Mythos.

Lass dich dabei von Archetypen und großen Persönlichkeiten inspirieren: Der Visionär, die Rebellin, der geheimnisvolle Mentor, die charismatische Außenseiterin. Welche Energie willst du verkörpern? Wofür willst du stehen? Jeder Mensch kann ein Symbol werden – wenn er bereit ist, sich zu stilisieren, ohne sich zu verlieren.

Und: Wiederhole deine neue Rolle konsequent. Sichtbarkeit entsteht durch Wiedererkennung. Was du ausstrahlst, wird irgendwann geglaubt – und schließlich Realität.

7. Warum Dramatik essenziell ist: Sichtbarkeit = strategisches Kapital

In einer Ära der Dauerbeschallung reicht es nicht, „gut" zu sein. Qualität ohne Sichtbarkeit ist wie ein Gemälde in einem verschlossenen Raum. Wer gesehen werden will – und Einfluss ausüben will –, braucht gezielte Dramatik.

Dramatik ist nicht Theater. Es ist Fokus. Es ist Stil, der nicht übersehen werden kann. Es ist die Fähigkeit, Aufmerksamkeit zu kanalisieren – und durch sie Macht aufzubauen.

Dramatik entsteht durch:

Überraschung: Brich Erwartungen bewusst, aber gezielt.

Stille: Wer im richtigen Moment schweigt, erzeugt mehr Spannung als durch Reden.

Kontrast: Kombiniere Widersprüche – z. B. Strenge mit Charme, Intellekt mit Wildheit.

Symbolik: Nutze Farben, Gegenstände, Rituale, die Bedeutung über sich selbst hinaus tragen.

Timing: Trete auf, wenn andere abwesend sind. Sprich, wenn es niemand erwartet. Präsentiere dich, wenn es strategisch wirkt – nicht impulsiv.

Wiedererkennbare Eigenheiten: Ein Blick, ein Accessoire, ein Signature Move. Etwas, das dich sofort identifizierbar macht – ohne dass du anwesend sein musst.

Wer so auftritt, bleibt haften. Wird beobachtet. Wird imitiert. Wird analysiert.

Denn: Menschen folgen nicht nur Kompetenz. Sie folgen Faszination. Und Faszination braucht Inszenierung. Nicht alles muss extrem sein – aber alles muss eine klare Form haben.

Fazit: Erfinde dich neu – und erfinde dich größer

Die Rollen, die dir das Leben bisher gegeben hat, waren nie neutral. Sie waren oft eng, zufällig oder fremdbestimmt. Doch das Spiel der Macht verlangt eine eigene Bühne – und ein selbst entworfenes Skript.

Werde nicht, wer du bist – werde, wer du sein willst. Und tue das nicht leise. Sondern sichtbar. Mit Stil. Mit Tiefe. Mit Wirkung.

Ein machtvoller Mensch wirkt nicht authentisch, weil er „natürlich" ist – sondern weil er gelernt hat, sich selbst zu gestalten.

→ Sei nicht bloß eine Person. Sei ein Symbol. Eine Geschichte. Eine Marke, die man nicht vergisst.

Denn letztlich gilt: Nur wer sich selbst entwirft, entkommt der Entwertung durch andere. Wer sich selbst definiert, entzieht sich der Definition.

Merksätze:

Identität ist kein Schicksal – sie ist Design.

Sichtbarkeit ist keine Eitelkeit – sie ist strategische Notwendigkeit.

Wer sich neu erschafft, schafft nicht nur sich – sondern auch seinen Platz in der Welt.

Inszenierung ist kein Verrat an der Wahrheit – sie ist die bewusste Wahl, wie Wahrheit erscheinen soll.

Zusatzfazit: Bleib sauber – im Anschein, nicht in der Aktion

In einem Spiel, das von Wirkung und Wahrnehmung lebt, zählt nicht nur, was du tust – sondern vor allem, wie es aussieht. Die Welt urteilt nicht nach deinen Absichten, sondern nach dem Bild, das du erzeugst. Und dieses Bild muss unberührbar erscheinen.

Lenke, beeinflusse, forme – aber tu es mit Präzision und Eleganz. Die Spuren deiner Macht sollen sichtbar sein, nicht deine Fingerabdrücke. Lass andere die Schachfiguren bewegen, wenn nötig. Du bleibst der unsichtbare Spieler am Rand des Brettes.

Trage Verantwortung, aber nie offen Schuld. Wenn sich der Sturm erhebt, sollen andere namentlich genannt werden – nicht du. Wenn Kritik kommt, tritt als Vermittler auf, nicht als Initiator. Wenn Entscheidungen unbequem sind, sei deren Vollstrecker durch Dritte – nie deren Ursprung.

Denn wer im Zentrum steht und zugleich als makellos gilt, gewinnt doppelt: Vertrauen und Respekt. Bleib

moralisch mehrdeutig, aber ästhetisch rein.
Präsentiere dich als Lichtgestalt – selbst wenn du im
Schatten die Fäden ziehst.

➡ Wer Kontrolle mit Reinheit kombiniert, wird nicht
nur gefürchtet – sondern bewundert.

8. Verehrung: Vom Menschen zur Machtfigur – Wie du
zur lebendigen Idee wirst

Menschen sind auf der Suche. Nicht primär nach
Fakten, Argumenten oder Kompetenz – sondern nach
Orientierung, Halt und Bedeutung. In einer Welt
voller Reizüberflutung, Unsicherheit und innerer
Leere sehnen sie sich nach etwas oder jemandem, das
größer wirkt als sie selbst.

Sie wollen an etwas glauben – und oft: an jemanden.

Ob Religion, Politik, Marken, Popkultur oder Ideologie
– der Mechanismus bleibt gleich: Wo Chaos herrscht,
entsteht das Verlangen nach Führung. Und dieses
Verlangen ist dein strategisches Kapital – wenn du
bereit bist, mehr als nur du selbst zu sein.

➡ Wenn du zur Verkörperung eines Versprechens
wirst, folgst du nicht mehr – du wirst gefolgt.

1. Die psychologische Grundlage: Der Wunsch nach
Führung und Fixstern

Der Mensch ist kein rein rationales Wesen. Er denkt logisch – aber er entscheidet emotional. Besonders in Phasen gesellschaftlicher Unruhe, persönlicher Umbrüche oder kollektiv empfundener Orientierungslosigkeit suchen Menschen nach einer Richtung, nach klaren Deutungen und nach starken Symbolen.

Sie suchen:

Sinn in einer Welt voller Zweifel

Einfachheit inmitten komplexer Widersprüche

Stärke in Momenten der Schwäche

Zugehörigkeit in einer zunehmend fragmentierten Gesellschaft

Wenn du es schaffst, genau diese Leerstelle zu füllen – mit deiner Erscheinung, deinem Auftreten, deinem Mythos – wirst du nicht nur akzeptiert. Du wirst idealisiert.

2. Der Weg zum Kult – Wie du zur lebenden Projektionsfläche wirst

Wahre Macht entsteht, wenn du zur Idee wirst. Nicht bloß zur Führungskraft, sondern zum Symbol. Ein Mensch, ja – aber aufgeladen mit Bedeutung. Dein Name steht dann nicht mehr nur für dich selbst, sondern für etwas Größeres:

Für Aufbruch.

Für Gerechtigkeit.

Für Widerstand.

Für Hoffnung.

Für Sicherheit.

Für Zukunft.

Du wirst nicht mehr gefragt, was du tust – sondern wofür du stehst. Und genau darin liegt die Magie:
➔ Je weniger greifbar du bist, desto stärker die Projektion.

3. So entsteht Verehrung – Strategien der Selbstaufladung

Verehrung ist keine Folge von Leistung. Sie ist das Ergebnis von Inszenierung. Du kannst sie nicht fordern – aber du kannst sie gezielt ermöglichen:

Verkörper ein klares Prinzip: Du bist nicht einfach „du" – du bist das Prinzip Ehrlichkeit, der Geist der Erneuerung, die Stimme der Vernunft.

Sprich in Archetypen, nicht in Alltagssprache: Wer in Geschichten, Bildern und Symbolen spricht, spricht zum Unterbewusstsein.

Reduziere dich nicht – verdichte dich: Keine komplizierten Erklärungen. Fokussiere auf ein Leitmotiv, eine Geste, ein Stilmerkmal, das dich unverwechselbar macht.

Inszeniere Momente, keine Dauer: Wahre Ikonen treten nicht ständig auf – sondern im richtigen Augenblick.

Erlaube Geheimnis: Offenheit ist nicht das Gegenteil von Kontrolle – aber sie ist der Feind von Mythos. Sag nicht alles. Sei nicht vollständig erklärbar. Wer ein Rätsel ist, bleibt faszinierend.

4. Beispiele für kultische Selbsterschaffung

Martin Luther King Jr. sprach nicht einfach – er prophezeite. Sein „I have a dream" war keine politische Forderung, sondern eine Vision.

Marilyn Monroe war keine Frau – sie war ein Bild. Ihre Pose, ihr Lächeln, ihr Kleid im Wind – alles sorgfältig konstruiert.

Winston Churchill war kein bloßer Politiker – er war das Symbol des britischen Widerstands. Zigarre, Bulldoggenblick, rhetorische Gravitas: alles wurde Stilmittel.

Donald Trump wird nicht nur gewählt – er wird geglaubt. Seine Wähler verehren nicht seine Wahrheit, sondern seine Rolle.

Rihanna, Kanye West, Lady Gaga – alle wandelten sich bewusst zur Marke, zur Kunstfigur, zur Überfigur.

5. Die Schattenseite: Kontrolle ja – Erwartung auch

Wer zur Projektionsfläche wird, bekommt nicht nur Macht – sondern auch Gewicht. Menschen wollen dann nicht nur Orientierung, sie wollen Perfektion, Erlösung, absolute Konsistenz.

➡ Du darfst nie fallen – also musst du lernen, über der Realität zu schweben. Du bist dann keine Person mehr, sondern eine Idee. Und Ideen dürfen keine Schwächen zeigen.

Fazit: Mach dich zur Idee – und du wirst unsterblich im Kopf anderer

Wenn du Macht aufbauen willst, reicht es nicht, sichtbar zu sein. Du musst wahrgenommen werden – nicht als jemand, sondern als etwas. Als Figur, als Bild, als Inbegriff einer Idee.

Dann folgen dir Menschen nicht, weil du bist wie sie – sondern weil du geworden bist, was sie selbst nie sein konnten.

➡ Du bist kein Teil mehr der Welt – du wirst ihr Mittelpunkt.
➡ Kein Mensch auf Augenhöhe – sondern ein Sternbild über dem Horizont.

Und solange du Licht gibst, solange du Hoffnung oder Richtung versprichst, wird deine Autorität nicht diskutiert – sondern geglaubt.

Merksätze:

Menschen folgen dem, was sie fühlen – nicht dem, was sie wissen.

Wer ein Symbol wird, braucht keine Beweise mehr.

Verehrung beginnt dort, wo Sichtbarkeit in Bedeutung übergeht.

Du wirst nicht geliebt für das, was du bist – sondern für das, was du darstellst.
Dazu brauchst du:
- **Vage, aber kraftvolle Botschaften**
- **Emotionale Versprechen statt logischer Pläne**
- **Einprägsame Symbole, Gesten, Slogans**
- **Eine Aura des Besonderen, Einmaligen, fast Übermenschlichen**

—

3. Fallbeispiel: Donald Trump – Die Person als politisches Glaubenssystem

Donald J. Trump ist nicht nur eine historische Figur in der amerikanischen Politik, sondern ein Paradebeispiel für die bewusste Selbstinszenierung

als Kultobjekt. Sein Aufstieg und seine Wirkung
zeigen, wie sich ein Mensch gezielt zur symbolischen
Figur aufladen kann – durch Sprache, Bilder,
Polarisierung und konsequente Selbstdarstellung.

Der Slogan als kollektive Sehnsucht: „Make America
Great Again" ist kein rationales Programm, sondern
ein emotional aufgeladener Mythos. Es ruft kein
konkretes Bild hervor, sondern ein Gefühl: von
Ordnung, Stärke, Identität – so vage, dass sich jeder
Anhänger etwas Eigenes hineinprojizieren kann. Ein
Glaubenssatz, nicht eine politische Maßnahme.

Versprechen als Projektionsfläche: Trump versprach
die Rückkehr zu einer vermeintlich besseren Zeit. Die
Mauer zu Mexiko, die Wiederbelebung alter
Industrien, das Aufräumen mit der politischen Elite –
keine dieser Ideen war operativ präzise. Und gerade
das machte sie so wirkungsvoll. Denn wo Fakten
fehlen, füllt die Fantasie der Masse die Lücken.

Feindbilder für emotionale Ordnung: Medien,
Demokraten, Globalisten, Migranten – Trumps
Rhetorik arbeitete mit klaren Gegenspielern. Er schuf
eine „Wir gegen sie"-Logik, die Loyalität bündelte.
Kritikern wurde nicht widersprochen – sie wurden
delegitimiert. Wer zweifelte, wurde zum Teil des
Problems erklärt.

Gefühle statt Argumente: Seine Sprache war bewusst
simpel, emotional, körperlich. Seine Reden richteten
sich nicht an das rationale Urteilsvermögen, sondern
an das Bauchgefühl der Zuhörer. Wer das Gefühl

hatte, „endlich spricht jemand aus, was ich denke",
wurde zum glühenden Unterstützer – ungeachtet der
faktischen Überprüfbarkeit.

Bewegung statt Kandidatur: Trump trat nicht nur als
Präsidentschaftsanwärter auf, sondern als
Inkarnation einer Bewegung: gegen das
Establishment, gegen politische Korrektheit, für das
„wahre Amerika". Die Trump-Kappe wurde zum
Zeichen, die Rallys zu Massenritualen. Er war nicht
bloß ein Mann – er war ein Magnet für kollektive
Identität.

→ Trump wurde nicht nur gewählt – er wurde
geglaubt. Und Glaube ist mächtiger als Zustimmung.

4. Fallbeispiel: Elon Musk – Die Ikone der technoiden
Transzendenz

Elon Musk ist kein gewöhnlicher Unternehmer. Er hat
sich zur Projektionsfläche für Fortschritt, Rebellion,
Genialität und technologische Hoffnung gemacht – ein
Prophet im Zeitalter der Algorithmen.

Zukunftsvisionen als Erlösungsversprechen: Mit
SpaceX, Tesla, Neuralink und anderen Projekten stellt
Musk nicht einfach Produkte vor – er präsentiert
Erlösungsideen: für den Planeten, für die Menschheit,
für das individuelle Lebensgefühl. Wer ihm glaubt,
glaubt nicht an Autos – sondern an das Morgen.

Stilisierter Nonkonformismus: Musk inszeniert sich
als Rebell: schwarze T-Shirts, direkte Tweets,

ironische Memes. Er wirkt ungehobelt, aber authentisch. Das erzeugt Nähe zu seiner Community – und grenzt ihn vom restlichen Tech-Establishment ab.

Systemkritik als Identitätsangebot: Wie Trump hat auch Musk Feindbilder: Bürokratie, staatliche Kontrolle, klassische Medien. Wer ihm folgt, fühlt sich als Teil einer aufgeklärten, innovativen Elite – jenseits des „Mainstreams".

Anhänger als Verteidiger: Seine Unterstützer reagieren nicht wie Konsumenten, sondern wie Gläubige. Kritik an Musk wird als Blasphemie empfunden. Man verteidigt ihn wie eine Idee – nicht wie einen Geschäftsmann.

→ Musk verkauft keinen Fortschritt. Er verkauft die Hoffnung, dass Technologie uns erlöst – und er selbst der Erlöser ist.

5. Kultmechanismen: Wie du selbst zur symbolischen Figur wirst

Willst du eine Bewegung um dich selbst herum schaffen, brauchst du mehr als Inhalte. Du brauchst Struktur, Gefühl, Identität. Ein echter Kult wirkt durch:

a) Ein Leitsatz:
Formuliere einen Satz, der wie ein Mantra wirkt. Emotional, offen, einladend. Er soll Wiederholung ermöglichen und ein „Wir"-Gefühl erzeugen.

Beispiele: „Wir sind der Wandel", „Alles ist möglich",
„Folge deiner eigenen Wahrheit".

b) Deine Geschichte als Erzählung:
Baue dich als Held auf – als jemand, der durch
Widerstände gewachsen ist. Ob du Außenseiter,
Rebell oder Visionär bist: Gib deiner Reise Bedeutung.
Lass deine Anhänger Teil dieser Geschichte werden.

c) Symbole und Rituale:
Verwende Farben, Kleidung, Mottos, Logos, Gesten –
Menschen erinnern sich an Bilder, nicht an Inhalte.
Wiederholung macht Wirkung. Wenn dein Stil zur
Marke wird, beginnt die Mythisierung.

d) Abgrenzung durch Feindbilder:
Stärke die Gruppenidentität durch Abgrenzung. Wer
nicht „versteht", gehört nicht dazu. Das erzeugt
Bindung. Gemeinsame Gegner schweißen zusammen
– ideologisch, emotional, taktisch.

e) Immunisierung gegen Kritik:
Sobald du glaubwürdig genug wirkst, ersetzt
Vertrauen den Diskurs. Je charismatischer dein
Auftreten, desto mehr werden deine Anhänger dich
auch dann verteidigen, wenn du angreifbar bist. Nicht
du musst reagieren – sie tun es für dich.

6. Spirituelle Vorbilder: Die Blaupause des
charismatischen Führers

Geschichte und Religion liefern zahlreiche Vorbilder
für diese Strategie: von Jesus über Mohammed bis hin
zu modernen Esoterik-Gurus.

Sie predigten einfache Wahrheiten mit großer
emotionaler Tiefe.

Sie inszenierten sich als Mittler zwischen Himmel und
Erde – zwischen Wissen und Mensch.

Sie schufen Gemeinschaften, die über Generationen
hinweg Loyalität und Zugehörigkeit stifteten.

→ Wer Glauben stiftet, braucht keine Zustimmung
mehr – nur noch Wiederholung und Präsenz.

7. Vorsicht: Der Kult kann sich gegen dich wenden

Jeder Mythos hat ein Ablaufdatum, wenn er nicht
gepflegt wird. Die Risiken:

Entmystifizierung: Wenn du zu menschlich erscheinst,
bricht der Zauber.

Überhöhung: Wer zu groß wird, weckt Neid – auch im
Inner Circle.

Kritikverbot: Wenn du keine Opposition zulässt,
entsteht Erstarrung – und irgendwann Bruch.

→ Deshalb: Halte Kontrolle über deine Symbolik. Sei die Ikone, aber auch der Regisseur deiner eigenen Geschichte.

Fazit: Glaube ist ein Werkzeug – benutze es bewusst, nicht blind

Wer die Sehnsüchte anderer in sich bündelt, kann Massen bewegen. Doch wer sich selbst zu sehr glaubt, verliert die Kontrolle. Nutze Erzählung, Stil und Symbolik, um mehr zu sein als nur ein Mensch – aber vergiss nie: Du bist auch nur ein Mensch.

→ Baue ein Bild auf, in dem sich andere spiegeln – aber behalte den Spiegel in der Hand. Denn nur so wirst du nicht zur Figur, sondern zum Autor deiner eigenen Legende.

Die Welt hungert nach Bedeutung. Gib ihr, was sie braucht:
- Eine Geschichte.
- Ein Versprechen.
- Eine Richtung.
- Eine Symbolfigur.

Und dann mache dich selbst zu dieser Figur.
Nicht durch Prahlerei, sondern durch **Faszination**.
Nicht durch Fakten, sondern durch **Gefühl**.

Sei nicht einfach eine Person. Sei ein Glaube. Eine Bewegung. Ein Symbol.

Dann werden Menschen dir nicht nur folgen – sie
werden *dich verteidigen, für dich kämpfen, dich lieben*
– egal, was du tust.

Mut ist eines der faszinierendsten Konzepte
menschlicher Stärke. Er strahlt Kraft aus, inspiriert
andere – und öffnet Türen, die für Zögernde
verschlossen bleiben.
Doch Mut ist nicht gleich Tollkühnheit. Und Feigheit
ist nicht immer Schwäche.

Dieses Gesetz berührt einen fundamentalen
Widerspruch:

Die stille Architektur der Macht: Warum echter Mut
aus innerer Klarheit wächst
Wer in der Welt etwas bewirken will – sei es als
Führungskraft, Kreativer, Unternehmerin oder
Mensch mit Vision – kommt um eine grundlegende
Erkenntnis nicht herum: Einfluss entsteht nicht allein
durch Worte, Positionen oder Titel. Er entsteht durch
Ausstrahlung. Und Ausstrahlung speist sich nicht aus
Lautstärke – sondern aus innerer Übereinstimmung.

Viele verwechseln Macht mit Dominanz, mit Selbstsicherheit, mit dem permanenten Drang, zu handeln. Doch wahre Macht beginnt dort, wo ein Mensch – trotz Zweifel – bewusst entscheidet, zu gehen. Und zwar nicht, weil er keine Angst kennt, sondern weil er mit ihr umgehen kann.

Doch wer innerlich zögert, kann Mut nicht auf Dauer simulieren. Früher oder später zerbricht das äußere Bild am inneren Konflikt.

1. Mut als unsichtbare Führungsenergie
In sozialen Systemen – egal ob im Familienkreis, im Team, auf der politischen Bühne oder in der Öffentlichkeit – setzen sich jene durch, die handeln, während andere noch überlegen. Es ist ein psychologisches Gesetz: Menschen orientieren sich instinktiv an jenen, die wie Wegweiser auftreten – auch wenn diese nicht zwingend mehr wissen.

Diese Wirkung basiert nicht auf Inhalt – sondern auf Haltung.

Wirkung entsteht, wenn...

jemand sich nicht in endlosen Selbstzweifeln verliert,

nicht jede Entscheidung zerredet,

und den Mut besitzt, trotz Ungewissheit zu handeln.

Solche Menschen erscheinen automatisch als Anführer – nicht, weil sie immer recht haben, sondern weil sie Richtung geben.

→ Mut wirkt wie ein Magnet.
→ Zweifel, wenn er sichtbar wird, schreckt ab – weil er Unsicherheit auf andere überträgt.

Was uns dabei oft entgeht: Mut ist nicht die Abwesenheit von Furcht. Es ist die Fähigkeit, mit ihr zu leben – und trotzdem eine klare Entscheidung zu treffen.

2. Der Trugschluss: Impulsivität als Ersatz für Mut
Mut ist nicht dasselbe wie Draufgängertum. Und dennoch verfallen viele in eine gefährliche Haltung: Lieber impulsiv agieren, als als zaudernd zu gelten. Dahinter liegt oft ein tiefer Wunsch, stark zu erscheinen – selbst wenn man es innerlich gerade nicht ist.

Doch dieser falsche Mut ist ein Kartenhaus.

Warum?

Weil impulsive Entscheidungen aus dem Wunsch entstehen, ein Gefühl zu vermeiden – nicht aus einer inneren Klarheit.

Weil Angst, die nicht verstanden wurde, langfristig lähmt.

Und weil dein Körper und dein Geist in einem Zustand der Unsicherheit nicht ihre volle Kraft entfalten können.

Nicht zuletzt spüren andere Menschen – oft unbewusst – ob du dir deiner Sache wirklich sicher bist. Körpersprache, Stimme, Energie – alles verrät deinen inneren Zustand.

→ Wer halbherzig handelt, verliert oft doppelt: äußerlich an Wirkung – und innerlich an Selbstrespekt.

3. Die Alternative: Mut als Produkt innerer Vorbereitung
Echter Mut entsteht nicht durch kurzfristige Überwindung, sondern durch langfristige Vorbereitung. Menschen, die als mutig gelten, haben meist nicht weniger Angst – sie haben mehr Klarheit. Sie wissen, wann es sich lohnt, Angst zu durchschreiten.

Das bedeutet:

Nicht jeder Widerstand ist ein Signal, durchzubrechen.

Aber jedes ehrliche „Trotzdem" ist ein Zeichen innerer Reife.

Der Unterschied ist fein – aber entscheidend:

Angst + innere Entschlossenheit = persönlicher
Fortschritt

Angst + innerer Widerstand = Erschöpfung

Wer seinen Mut strategisch einsetzt, gewinnt nicht
nur Energie zurück – er gewinnt Richtung.

4. Lektionen aus der Geschichte: Mut kennt den
richtigen Zeitpunkt
Sunzi, der berühmte chinesische Militärstratege,
formulierte es vor über 2.000 Jahren prägnant:

„Der höchste Sieg ist der, bei dem es keinen Kampf
gibt.“
„Nur ein Narr zieht in die Schlacht, wenn die Zeichen
ungünstig stehen.“

Diese Haltung hat mit Feigheit nichts zu tun. Im
Gegenteil: Sie erfordert einen Mut, der größer ist als
die Lust auf Konfrontation – nämlich den Mut, nicht
zu kämpfen, wenn es strategisch klüger ist, zu warten.

➡ Strategischer Mut erkennt: Die Entscheidung, nicht
zu handeln, kann mächtiger sein als jede Offensive.

Wer das versteht, wirkt unerschütterlich – weil er
seine Entscheidungen nicht von Emotionen, sondern
von innerer Übereinstimmung leiten lässt.

5. Steve Jobs: Radikal durch Klarheit – nicht durch
Aggression

Kaum jemand verkörpert visionären Mut so sehr wie Steve Jobs. Doch sein Geheimnis war nicht bloße Radikalität. Es war die Konsequenz seiner inneren Überzeugung. Er drängte nicht einfach vorwärts – er wartete, beobachtete, zog sich zurück – und schlug dann entschlossen zu.

Er:

präsentierte Innovationen erst, wenn er spürte, dass sie „reifen" konnten.

akzeptierte Zweifel – aber ließ sich nicht von ihnen steuern.

verschmolz Intuition mit Entscheidungskraft.

→ Jobs' Mut war nie hektisch. Er war vorbereitet, ideologisch verankert, innerlich erprobt. Genau das machte ihn so überzeugend.

6. Persönliche Entwicklung: Mut braucht Resonanz – nicht Zwang
Viele glauben, sie müssten jede Angst bekämpfen, um sich weiterzuentwickeln. Doch das ist ein Irrtum. Ständiger Kampf gegen sich selbst ist keine Entwicklung – es ist Selbstverausgabung.

Stattdessen gilt:

Wähle Kämpfe, die dich rufen – nicht die, die dich auffressen.

Finde Aufgaben, die dich ängstigen und zugleich
begeistern.

Baue Mut nicht durch Druck auf – sondern durch
bewusste Wahl.

Resilienz entsteht durch Erfahrung, Wiederholung
und sinnvolle Herausforderung – nicht durch
chronischen inneren Krieg.

7. Deine Wirkung auf andere: Mut inspiriert –
Zaudern hemmt
Soziale Dynamiken sind subtil, aber klar:

Wer entschlossen auftritt, erzeugt Vertrauen.

Wer sichtbar kämpft, wird respektiert – auch, wenn er
scheitert.

Wer aus Angst in der Passivität verharrt, wirkt
schwach – auch, wenn er gute Gründe hat.

Menschen folgen nicht automatisch den Fähigsten –
sondern den Klarsten.

→ Deshalb: Wenn du handelst, dann stehe dazu. Auch
wenn du innerlich zitterst – die Welt sieht zuerst
deine Haltung, nicht deine Zweifel.

8. Der Mut-Kompass: Vier klärende Fragen vor jeder
Entscheidung
Um zu prüfen, ob du mutig handeln oder innehalten
solltest, stelle dir folgende Fragen:

Will ich das wirklich – oder tue ich es nur, um
Erwartungen zu erfüllen?

Zweifle ich an meiner Fähigkeit – oder daran, ob die
Sache überhaupt sinnvoll ist?

Habe ich genug Ressourcen – Wissen, Energie,
Unterstützung?

Was wäre das beste mögliche Ergebnis – und ist es
mir das Risiko wert?

➝ Wenn du mindestens drei dieser Fragen mit einem
klaren „Ja" beantworten kannst – dann ist der
Moment gekommen, dich mutig zu entscheiden.

Schlussgedanke: Mut ist kein Sprint – sondern ein
innerer Zustand
Echte Macht entsteht nicht durch äußere Aggression –
sondern durch innere Entschlossenheit. Mut ist kein
Ausbruch. Er ist ein klarer Entschluss, für etwas
einzustehen, das du als richtig empfindest. Und zwar
nicht blind, sondern vorbereitet.

„Feigheit ist selten verzeihlich – aber blinder Mut ist
tödlich."

Wähle deine Kämpfe nicht aus Angst – sondern aus
innerer Zustimmung. Dann wirst du nicht nur
überzeugend wirken – du wirst wachsen, andere
mitziehen, und mit der Zeit jene stille Autorität

ausstrahlen, die nicht laut sein muss, um gehört zu werden.

—

Die Macht des Ziels: Wie Weitblick dein Leben in die Hand nimmt
Einleitung: Die Kunst, vom Ende her zu leben
In einer Welt, in der Geschwindigkeit oft mit Effizienz verwechselt wird und hektische Aktivität als Zeichen von Produktivität gilt, ist eine Fähigkeit zu einem echten Machtfaktor geworden: die Kunst, langfristig zu denken – und konsequent vom Ziel her zu leben.

Während viele Menschen ihr Leben gestalten, als würde es nur aus dem Heute bestehen, erkennen strategische Denker einen einfachen, aber entscheidenden Zusammenhang: Wer das Ziel kennt, kontrolliert den Weg. Wer das Ende fest im Blick hat, trifft andere Entscheidungen – mutiger, klarer, wirkungsvoller.

1. Der psychologische Ursprung: Warum Orientierung Sicherheit schafft
Der Mensch ist ein zielorientiertes Wesen – allerdings nicht automatisch ein zielbewusstes. Unser Gehirn ist darauf ausgerichtet, Sinn zu konstruieren. Ohne Richtung suchen wir Ersatz in Ablenkung, Dringlichkeit oder fremden Erwartungen. Wer nicht selbst entscheidet, wohin er will, wird früher oder später in fremden Plänen mitspielen – oft als Statist, nicht als Regisseur.

Ein klar definiertes Ziel ist mehr als ein Wunsch. Es ist ein innerer Maßstab, ein Filter, ein Kompass.

Es gibt dir Halt, wenn andere zweifeln.

Es schützt dich vor Ablenkung, wenn der Weg schwierig wird.

Und es ermöglicht dir, mit minimaler Energie maximale Wirkung zu entfalten.

➔ Zielklarheit ist psychologische Souveränität. Sie wandelt Druck in Richtung.

2. Die Unsichtbarkeit des Ziels im Alltag: Warum viele scheitern, obwohl sie "alles geben"
Viele Menschen starten mit Begeisterung in Projekte, Beziehungen, Karrieren. Doch sie verlieren unterwegs die Orientierung – nicht, weil sie unfähig wären, sondern weil sie nie geklärt haben, wofür sie sich überhaupt anstrengen.

Typische Merkmale diffuser Zielsetzungen:

Menschen geben viel – aber es reicht nie.

Sie arbeiten hart – doch ohne klare Messlatte.

Entscheidungen wirken sprunghaft, Stimmungen schwanken mit dem Umfeld.

Das Problem ist selten der Wille – es ist der Mangel an Richtung.

→ Ein starker Anfang ersetzt keinen klaren Endpunkt.

3. Die langfristige Denkweise: Warum Strategen Zeit
als Verbündeten nutzen
In einer Gesellschaft, die Sofortergebnisse feiert, ist
langfristiges Denken eine stille Superkraft. Es wirkt
unspektakulär – aber seine Auswirkungen sind
dramatisch.

Der kurzfristig Denkende fragt:

Was bringt mir das heute?

Was fühlen andere über mich jetzt?

Wie kann ich sofort gewinnen?

Der langfristig Denkende fragt:

Wo will ich in 10 Jahren stehen?

Welche Entscheidung stärkt meine Gesamtstrategie?

Was muss ich heute vermeiden, um morgen stärker zu
sein?

→ Langfristigkeit zwingt zur Reife. Sie schützt vor
impulsivem Handeln – und ermöglicht nachhaltige
Macht.

4. Fallbeispiel: Otto von Bismarck – Der Architekt im Schatten der Geschichte
Bismarck war nicht nur Politiker – er war ein politischer Architekt mit Weitblick. Als preußischer Kanzler wusste er, dass die Vereinigung Deutschlands nur dann dauerhaft gelingen würde, wenn sie strategisch inszeniert statt zufällig erzwungen wird.

Sein Denken war kalt, klar und langfristig:

Er isolierte Gegner wie Frankreich durch gezielte Bündnisse.

Er provozierte Kriege nur dann, wenn sie innenpolitisch und außenpolitisch nützlich waren.

Er inszenierte sogar diplomatische Ereignisse (wie die Emser Depesche), um öffentliche Meinung gezielt zu lenken.

Am Ende stand ein geeintes Reich – mit Preußen an der Spitze.

→ Bismarck dachte nicht in Legislaturperioden. Er dachte in historischen Epochen. Das machte ihn unangreifbar – und unvergesslich.

5. Zeitgenössisches Beispiel: Elon Musk – Der strategische Visionär in der Rüstung des Chaoten
Musk wirkt oft wie ein impulsiver Rebell – doch seine Projekte sind in Wirklichkeit präzise Puzzlestücke eines übergeordneten Plans:

Tesla war nie „nur" ein Elektroautohersteller. Es war der Hebel, um den Übergang zu nachhaltiger Energie gesellschaftlich zu normalisieren.

SpaceX war nie bloß Raumfahrt. Es war der erste Schritt zur langfristigen Sicherung der menschlichen Spezies durch planetare Expansion.

Neuralink, Starlink, Boring Company – all diese Projekte sind keine Spielereien. Sie bedienen ein übergeordnetes Narrativ: Zukunft sichern durch Technologie – auf allen Ebenen.

→ Was impulsiv erscheint, ist in Wahrheit ein Schachspiel über Jahrzehnte.

6. Die Illusion des Zufalls: Wenn Nicht-Planung zur größten Schwäche wird
Ohne Ziel erscheint das Leben wie ein Wurf mit Würfeln: mal Glück, mal Pech. Doch bei genauer Betrachtung entpuppen sich viele „Zufälle" als Resultat fehlender Weitsicht.

Beispiele:

Eine Karriere ohne Strategie endet oft in Frustration, trotz Fleiß.

Eine Beziehung ohne gemeinsames Ziel versandet – auch wenn Liebe da war.

Geld ohne klare Investmentphilosophie verliert seinen Wert – oder seine Bedeutung.

→ „Wer nicht plant, plant sein Scheitern." – Benjamin Franklin
Die Zukunft gehört nicht den Spontanen – sondern den Vorbereitenden.

7. Die 5-Schritte-Methode zur strategischen Zielsetzung
a) Bestimme dein Endziel – radikal konkret
Nicht: „Ich will Erfolg"
Sondern: „Ich will 2029 von passivem Einkommen leben, unabhängig arbeiten und ortsungebunden sein."

b) Zerlege das Ziel in realistische Teilziele
Was sind die ersten drei Meilensteine?
Welche Ressourcen fehlen?
Wer kann dich blockieren – und wer dich stärken?

c) Plane Gegenkräfte ein
Was, wenn du krank wirst?
Was tun deine Konkurrenten?
Was, wenn sich der Markt ändert?

d) Baue Flexibilität ein
Plane nicht perfekt – plane resilient.
Wer Krisen mitdenkt, bricht bei Störungen nicht zusammen.

e) Führe regelmäßige Ziel-Updates durch
Frage dich vierteljährlich:
Ist mein Ziel noch mein Ziel?

Habe ich neue Informationen, die den Weg verändern?

➡ Strategie ist nicht starre Planung – sondern lebendiges Denken in Bewegungsrichtung.

8. Historisches Gegenbeispiel: Napoleon in Russland – Der Preis der Unterschätzung
Napoleon war ein brillanter Taktiker – aber kein unfehlbarer Stratege. Der Russlandfeldzug 1812 offenbarte gravierende Mängel:

Kein Notfallplan für Rückzug.

Keine logistische Absicherung für Nachschub.

Keine Anpassung an lokale Bedingungen (Klima, Terrain).

Kein klares politisches Ziel hinter dem Krieg.

Die Folge:
Aus einem anfänglichen Vormarsch wurde ein logistisches Desaster – das zur Vernichtung seiner Grande Armée und zum Niedergang seiner Macht führte.

➡ Ein Ziel ohne tragfähige Strategie ist Selbstzerstörung mit Anlauf.

9. Zusatzdimension: Die Macht der Unberechenbarkeit

In jeder Form von Machtspiel – ob in Beziehungen,
Wirtschaft oder Politik – gilt: Wer vorhersehbar ist,
wird kontrollierbar.
Unberechenbarkeit ist ein strategisches Stilmittel,
keine Laune. Sie zwingt andere, in Alarmbereitschaft
zu bleiben – was dir Handlungsspielraum verschafft.

Denn:

Wer dich nicht einschätzen kann, greift dich
vorsichtiger an.

Wer dich nicht durchschaut, macht Fehler.

Wer ständig auf dich reagieren muss, verliert eigene
Initiative.

➡ Unberechenbarkeit ist kein Chaos – sie ist gezielte
Irritation zur Destabilisierung deiner Gegner.

Fazit: Macht beginnt mit Weitblick – nicht mit
Lautstärke
Wer wie ein Schachspieler denkt, gewinnt nicht nur
einzelne Züge – sondern kontrolliert das gesamte
Spielfeld.

Wer liebt, muss wissen, wohin die Liebe führen soll.

Wer Karriere macht, muss den Zweck dahinter
kennen.

Wer Einfluss will, braucht einen inneren Plan für
Machtaufbau, Machterhalt – und Machtrückgabe.

„Der Mensch denkt, Gott lenkt" – so sagt ein Sprichwort.
Aber: Wer nicht denkt, wird gelenkt. Und wer zu kurz denkt, verliert – an Kraft, an Richtung, an sich selbst.

Wer sein Ziel kennt, ist unaufhaltbar – nicht weil der Weg leicht ist, sondern weil er bewusst ist.
Denn dann bist du kein Produkt der Umstände – sondern der Architekt deiner Realität.

Die doppelte Unsichtbarkeit: Wie Unberechenbarkeit und Leichtigkeit Macht erzeugen
In einer Welt, die Kontrolle liebt und Leistung predigt, ist die wahre Macht oft leise. Sie zeigt sich nicht in Posen, Parolen oder Protokollen – sondern in der Kunst, unsichtbar wirksam zu bleiben. Zwei Eigenschaften verkörpern diese unsichtbare Macht in ihrer reinsten Form: Unberechenbarkeit und Leichtigkeit.

Beide erscheinen auf den ersten Blick widersprüchlich. Der eine bricht Erwartungen, der andere erfüllt sie scheinbar mühelos. Doch in Wahrheit sind beide Seiten derselben strategischen Medaille: Unberechenbarkeit destabilisiert das Gegenüber – Leichtigkeit veredelt die eigene Wirkung. Gemeinsam erzeugen sie ein Kräfteverhältnis, in dem du selten angegriffen, fast nie hinterfragt, aber stets respektiert wirst.

Teil I: Die Kunst der Unberechenbarkeit – Wie Unsicherheit zur Kontrolle wird

1. Das Prinzip: Wer nicht berechenbar ist, bleibt unangreifbar

Berechenbarkeit ist für funktionierende Systeme wichtig – für Maschinen, Algorithmen und Verträge. Doch dort, wo Macht, Einfluss und zwischenmenschliche Dynamiken wirken, ist Berechenbarkeit Schwäche. Sie macht dich durchschaubar, vorhersagbar – und damit beherrschbar.

Ein berechenbarer Mensch mag angenehm sein.
Ein unberechenbarer Mensch hingegen ist gefährlich.

Warum?
Weil sein Verhalten nicht vollständig antizipiert werden kann. Und was nicht antizipiert werden kann, kann auch nicht kontrolliert werden.

→ Unberechenbarkeit erschüttert Routinen, destabilisiert Gegner und bringt die Welt um dich herum in den Beobachtungsmodus.

2. Psychologischer Hintergrund: Die Angst vor dem Unbekannten

Das menschliche Gehirn ist ein Mustererkennungsapparat. Es lebt davon, Voraussagen zu treffen. Wer sich einem berechenbaren Menschen gegenübersieht, fühlt sich sicher: „Ich weiß, wie er reagiert." Doch sobald ein Mensch aus dem erwartbaren Handlungsmuster

ausbricht, entsteht ein mentales Defizit:
Orientierungsverlust.

Die Reaktion darauf ist nicht neutral – sie ist
übermäßig:

Vorsicht

Spekulation

Rückzug

Überanpassung

→ Unberechenbarkeit zwingt das Gegenüber in einen
Zustand kognitiver Anspannung – ein Zustand, in dem
Kontrolle abgegeben wird.

3. Strategisches Vorbild: Richard Nixon und die
Madman-Theorie
Ein berühmtes historisches Beispiel für gezielte
Unberechenbarkeit ist Richard Nixon, 37. Präsident
der Vereinigten Staaten. Inmitten des Kalten Kriegs
verbreitete er das Bild, er sei möglicherweise
irrational genug, Atomwaffen einzusetzen – eine
Strategie, die als „Madman Theory" in die Geschichte
einging.

Nixon ließ seine Berater bewusst kommunizieren,
dass er schwer zu kontrollieren sei. Das Ziel: Seine
Gegner (etwa Nordvietnam oder die Sowjetunion)
sollten nie wissen, ob seine Drohungen ernst gemeint

waren. Der Effekt: Verunsicherung, Zurückhaltung, diplomatische Vorsicht.

→ Nicht Macht selbst schüchtert ein – sondern das Gefühl, dass sie unkontrolliert entfesselt werden könnte.

4. Wirtschaft & Machtspiele: Wenn Logik aussetzt, beginnt das Zittern
In der Geschäftswelt sind es nicht die „starken Marken" oder „klugen Köpfe", die für Unruhe sorgen – sondern jene Akteure, die sich absichtlich entziehen. Der Unternehmer, der Investoren absagt, wenn alle mit Zustimmung rechnen. Der Verhandlungspartner, der entgegen aller Rhetorik plötzlich schweigt – oder das Angebot des Schwächeren annimmt.

Diese Form der Unberechenbarkeit bringt Gegner in eine Zwangslage:

Sie wagen keine klaren Schritte, aus Angst vor Gegenreaktion.

Sie vermuten Strategien, wo keine sind – und überfordern sich.

Sie rechnen mit allem – und handeln daher gar nicht mehr.

→ In der Stille der Unberechenbaren wächst die Lautlosigkeit der anderen.

5. Zwischenmenschliche Macht: Emotionales Wechselspiel als Kontrollmittel

Auch auf emotionaler Ebene entfaltet Unberechenbarkeit eine tiefgreifende Wirkung – besonders in asymmetrischen Beziehungen. Eine Person, die sich mal liebevoll, dann abweisend verhält; heute großzügig, morgen strafend – bringt das Gegenüber in einen Zustand emotionaler Abhängigkeit.

Die psychologische Wirkung ist hochwirksam – aber gefährlich:

Das Gegenüber beginnt, eigenes Verhalten ständig zu reflektieren.

Es entwickelt ein regelrechtes Suchtverhalten nach Bestätigung.

Es lebt in einer Schleife aus Hoffnung, Angst und Anpassung.

→ Diese Form der Unberechenbarkeit ist toxisch – aber in ihrer Machtwirkung unübertroffen.

6. Praktische Taktiken der strategischen Unberechenbarkeit

Brich Gewohnheiten bewusst: Wenn du immer freundlich bist – sei einmal eiskalt. Wenn du immer pünktlich antwortest – schweige zwei Tage.

Handle verspätet – oder überraschend schnell: Verzögerung erzeugt Unsicherheit. Plötzliche Aktion überfordert.

Sage A – und handle B: Nicht zur Täuschung, sondern zur Störung linearer Erwartungen.

Verändere deine Sprache: Mal rational, mal emotional. Mal langatmig, mal scharf pointiert.

Simuliere Irrationalität: Tu etwas scheinbar Sinnloses – das aber einem höheren Zweck dient.

7. Die Grenze: Unberechenbarkeit braucht Stabilität im Inneren
Unberechenbarkeit darf kein Ausdruck innerer Instabilität sein. Wer chaotisch wirkt, wird ausgegrenzt. Wer aber kontrolliert unkontrolliert wirkt – der wird gefürchtet.

Deshalb:

Sei unberechenbar in Form – aber stabil in Haltung.

Verändere deine Signale – nicht deine Werte.

Sei wandelbar – aber nie widersprüchlich in deiner Richtung.

8. Zusammengefasst: Das Unsichtbare ist das Gefährliche
"Wer dich nicht lesen kann, kann dich nicht besiegen."

Unberechenbarkeit erzeugt eine Atmosphäre der Vorsicht – und damit der Vorherrschaft. Du zwingst andere in ein psychisches Versteckspiel, während du selbst in Bewegung bleibst.

Teil II: Die Aura der Leichtigkeit – Überlegenheit durch scheinbare Mühelosigkeit
1. Was wie Spiel aussieht, ist oft Strategie
Leichtigkeit ist nicht die Abwesenheit von Arbeit – sie ist der bewusste Verzicht, Anstrengung sichtbar zu machen. Wer etwas Großes tut und es wie beiläufig wirken lässt, wirkt übermenschlich – oder zumindest: überlegen.

In einer Welt, die von Anstrengung redet, wird jene bewundert, die schweigt – und trotzdem brilliert.

→ Leichtigkeit erzeugt Distanz. Und Distanz erzeugt Faszination.

2. Die Magie der Mühelosigkeit: Kognitive Abkürzung zur Bewunderung
Menschen lieben Abkürzungen. Wenn jemand etwas scheinbar „einfach kann", entsteht sofort Respekt. Denn:

Was ohne sichtbare Mühe gelingt, muss außergewöhnlich sein.

Wer sich nicht erklären muss, scheint unerschütterlich.

Wer nicht um Anerkennung bittet, wirkt überlegen.

➜ Erklärungsbedürftigkeit ist ein Ausdruck von Schwäche – auch wenn du objektiv Recht hast.

3. Fred Astaire: Schwerelosigkeit als Disziplin-Geheimnis
Fred Astaire trainierte Tag und Nacht, feilte an jeder Bewegung. Doch auf der Bühne wirkte er, als flöge er. Niemals sprach er über die Qual, das Training, den Druck.

Denn:

Sobald das Publikum weiß, wie hart es war – stirbt der Zauber.

4. Politik im Vergleich: Barack Obama und Hillary Clinton
Obama wirkte als Naturtalent. Ruhig. Rhetorisch fließend. Elegant.
Doch er trainierte obsessiv: Sprache, Körpersprache, Timing.

Hillary Clinton wirkte kompetent – aber mühsam. Sie erklärte, verteidigte, überargumentierte.

Ergebnis:

Obama wurde als Ausnahmetalent verehrt.

Clinton wurde als ehrgeizige Streberin gesehen.

→ Wahrnehmung schlägt Wahrheit. Wirkung schlägt Leistung.

5. Die Prinzipien der Leichtigkeit
Zeige nie, wie viel Mühe es dich kostet.

Erkläre nichts, was du auch schweigend wirken lassen kannst.

Lächle in Momenten, in denen andere stöhnen.

Lass Erfolge beiläufig erscheinen.

Tarn deine Vorbereitung als Intuition.

6. Gefährlicher Irrtum: Leichtigkeit heißt nicht Nachlässigkeit
Leicht wirken heißt nicht: unvorbereitet sein. Im Gegenteil. Leichtigkeit ist das Ergebnis radikaler Vorbereitung – die du dann verbergen kannst.

→ Es ist nicht einfach, leicht zu wirken. Aber es ist mächtig.

Schlussfolgerung: Die unsichtbare Dominanz
Wer unberechenbar handelt, stört die Außenwelt. Wer leicht wirkt, erhebt sich über sie.

Die Kombination beider Prinzipien erzeugt eine seltene Machtform: Die Macht des Undurchschaubaren.

Du bist schwer zu provozieren – und schwer zu
beeindrucken.

Du bist schwer einzuschätzen – aber leicht zu
bewundern.

Du bist weder kontrollierbar – noch bedürftig.

Du bist kein Akteur – du bist ein Phänomen.

—

Die Illusion der Anstrengung: Warum sichtbarer
Perfektionismus dein Charisma zerstört – und wie
Leichtigkeit dich unbesiegbar macht
I. Die Paradoxie des Fleißes: Warum Leistung ohne
Wirkung leer bleibt
Wir leben in einer Gesellschaft, die Arbeit zelebriert –
aber Mühe verachtet. Jeder redet von „Hustle", von
80-Stunden-Wochen, von „Ich hab alles gegeben" –
und doch bewundern wir nicht jene, die kämpfen,
sondern jene, die scheinbar mühelos gewinnen.

Warum?

Weil sichtbare Anstrengung eine Krücke ist. Sie
entschuldigt, sie erklärt, sie rechtfertigt. Aber sie
beeindruckt nicht. Im Gegenteil: Wer seine Arbeit
betont, will überzeugen – und genau dieses Wollen
macht ihn schwächer.

Der Mensch bewundert nicht, wer sich quält –
sondern wer spielt und trotzdem siegt.

II. Der sichtbare Fehler: Perfektionismus als
Selbstsabotage
Viele Menschen versuchen durch „Transparenz"
Eindruck zu machen. Sie erzählen mit Pathos, wie viel
sie gearbeitet haben:

„Ich habe das Projekt viermal neu konzipiert!"

„Ich war drei Wochen jeden Abend bis 2 Uhr wach!"

„Ich habe so viele Rückschläge überwunden – aber ich
hab's geschafft!"

Diese Aussagen mögen ehrlich gemeint sein. Sie sollen
Stärke signalisieren – Durchhaltevermögen, Disziplin,
Opferbereitschaft. Doch die Wirkung ist häufig das
Gegenteil:

Unsicherheit: Warum so viele Erklärungen? Wer
wirklich überzeugt ist, muss nicht rechtfertigen.

Schwere: Der Fokus liegt auf dem Leiden, nicht auf
dem Ergebnis.

Selbstmitleid: Der Subtext lautet oft: „Bitte erkennt
meinen Schmerz an."

→ Das Resultat: Mitleid statt Bewunderung. Zweifel
statt Respekt.

III. Psychologische Wirkung: Warum Menschen
Eleganz mehr lieben als Ernst

Menschen reagieren nicht auf Fakten – sie reagieren auf Atmosphären.
Was sie als souverän empfinden, hat selten mit objektiver Leistung zu tun – sondern mit dem Anschein von Leichtigkeit.

Denn Leichtigkeit bedeutet für das Gehirn:

Kontrolle

Talent

Authentizität

Freiheit

Dagegen bedeutet sichtbare Mühe:

Stress

Zweifel

Unsicherheit

So denken wir (unbewusst):

„Wenn es ihm so schwerfällt, kann es ja nicht seine Stärke sein."

→ Sichtbare Anstrengung macht dein Talent unsichtbar.

IV. Leichtigkeit als Signal für Überlegenheit

Leichtigkeit wirkt nicht deshalb, weil sie einfach ist –
sondern weil sie etwas anderes suggeriert:
Meisterschaft.

Der Manager, der in einem Meeting mit einem Satz
eine Entscheidung trifft, wirkt souveräner als der, der
zehn Minuten Kontext liefert.

Die Schauspielerin, die in einem Interview „einfach sie
selbst" ist, wird als charismatischer wahrgenommen
als diejenige, die ihre Rollen intellektuell seziert.

Der Redner, der frei spricht, ohne Notizen, ohne
Druck – wirkt glaubwürdiger, auch wenn er weniger
Inhalte liefert.

→ Nicht was du tust, sondern wie du dabei wirkst,
entscheidet über deine Autorität.

V. Der unsichtbare Auftritt: Eleganz statt Erklärung
Was ist Eleganz?
Es ist nicht Glanz. Es ist nicht Show. Es ist nicht Luxus.

Eleganz ist die bewusste Reduktion auf Wirkung –
ohne sichtbare Anstrengung.

Das gilt für Kleidung, Sprache, Körpersprache,
Entscheidungen, sogar Misserfolge. Eleganz entsteht
dort, wo das Ich zurücktritt, damit die Wirkung
auftaucht.

VI. Der gefährliche Irrtum: Leichtigkeit sei gleich
Oberflächlichkeit

Ein weitverbreitetes Missverständnis lautet:

„Wenn ich nicht zeige, wie viel Arbeit etwas war, dann wird mein Können unterschätzt."

Falsch. Wer viel redet, zeigt Unsicherheit. Wer wenig sagt, strahlt Sicherheit aus.

Natürlich braucht Größe Vorbereitung. Aber der Unterschied liegt im Stil:

Der Fleißige will, dass man seinen Fleiß sieht.

Der Strategische will, dass man seine Wirkung spürt.

→ Leichtigkeit ist nicht weniger Arbeit – sie ist bessere Tarnung.

VII. Vier Anwendungsfelder: Wie du Leichtigkeit strategisch einsetzt
1. Karriere: Die Macht des mühelosen Auftritts
Bereite dich intensiv vor – aber wirke entspannt.

Antworte auf Fachfragen präzise – aber ohne angestrengte Gestik oder Tonhöhe.

Vermeide Rechtfertigungen wie:
„Ich hab bis tief in die Nacht recherchiert."
Sag lieber: „Ich habe einen klaren Gedanken dazu – den teile ich gern."

Effekt: Du wirst als kompetent UND selbstsicher wahrgenommen – eine seltene Kombination.

2. Kreativität: Ausdruck statt Erklärung
Lass dein Werk für sich sprechen.

Verzichte auf das „Making-of" – es raubt dem Ergebnis
das Mysterium.

Wenn du gefragt wirst, wie du auf eine Idee kamst,
sag nicht:
„Nach Wochen voller Zweifel…"
Sondern: „Die Idee kam – ich bin ihr gefolgt."

Effekt: Deine Kreativität erscheint organisch, fließend
– und damit bewundernswert.

3. Soziale Dynamik: Charmante Coolness
Sprich ruhig, auch wenn du innerlich aufgeregt bist.

Antworte auf Komplimente nicht mit
Entschuldigungen, sondern mit:
„Danke – freut mich sehr."

Wirke locker – nicht durch Witze, sondern durch
Unbedürftigkeit.

Effekt: Menschen fühlen sich wohl bei dir, weil du
ihnen keine Unsicherheit spiegelst.

4. Machtspiele: Lautlose Dominanz
Gewinne leise.

Verliere ohne Drama.

Lass Provokationen verpuffen – mit einem Lächeln.

Beispiel:

Jemand sagt spöttisch: „Na, hast du wieder deine
Präsentation zehnmal überarbeitet?"
Du sagst: „Manche Dinge brauchen einfach nur den
richtigen Moment."
Dann gehst du weiter.

Effekt: Du bleibst Herr der Situation – ohne einen Ton
zu heben.

VIII. Kontrabeispiel: Das Image des Strebers
Der „Streber" ist nicht unbeliebt, weil er gut ist –
sondern weil er zu sichtbar um Anerkennung ringt.

Typische Aussagen:

„Ich hab die Präsentation bis Mitternacht noch
dreimal überarbeitet."

„Ich war so gestresst, aber ich wollte unbedingt, dass
es perfekt ist."

„Ich hab wirklich alles gegeben – ich hoffe, es kommt
rüber."

Wie wirkt das?

Mitleid – aber kein Respekt.

Distanz – weil andere sich unter Druck gesetzt fühlen.

Zweifel – denn das Ergebnis wird durch das Leiden relativiert.

→ Der Streber überzeugt kognitiv. Der Souveräne wirkt emotional. Und genau das bleibt hängen.

IX. Fazit: Leichtigkeit ist keine Haltung – sie ist eine Waffe
In einer Welt, in der alle etwas beweisen wollen, beeindruckt derjenige, der nichts beweisen muss.
In einer Welt, in der alles erklärt wird, wirkt derjenige, der einfach erscheint.

Souveränität ist die Kunst, Tiefe nicht zu zeigen – sondern zu verkörpern.

Wenn du mühelos wirkst, während andere sich anstrengen, wirst du zur Ausnahme.
Wenn du dein Können nicht erklärst, sondern ausstrahlst, wirst du zur Projektionsfläche für Größe.
Und wenn du Leichtigkeit mit Präzision kombinierst, wirkst du nicht einfach gut –
du wirkst unantastbar.

Kapitel 10–12: Der Unsichtbare Meister – Leichtigkeit, Wirkung und die Kunst der gelenkten Entscheidung
Kapitel 10: Der wahre Meister wirkt wie ein Künstler – nicht wie ein Arbeiter
I. Warum das Genie selten schwitzt – zumindest nicht öffentlich

In einer Welt, die Arbeit glorifiziert und Mühe
romantisiert, wird eines oft übersehen: Nicht die
Mühe beeindruckt – sondern das scheinbare Fehlen
von Mühe.

Der Straßenkünstler, der mit wenigen Strichen ein
Gesicht zum Leben erweckt.
Die Rednerin, die frei, klar, fast beiläufig brillante
Gedanken formuliert.
Der Pianist, der sein Publikum in Trance versetzt, als
wäre sein Spiel kein Können, sondern Naturgewalt.

Was sie gemeinsam haben? Sie kämpfen nicht. Sie
wirken, als würde alles von allein geschehen.

Und genau das macht sie so bewundernswert.

Was schwer aussieht, wird als Arbeit erkannt.
Was leicht aussieht, wird als Kunst empfunden.

Menschen sind von Natur aus fasziniert von dem, was
sie sich selbst nicht erklären können. Und was sie sich
nicht erklären können, schreiben sie dem
Übermenschlichen zu.

II. Das Missverständnis der Anstrengung
Viele verwechseln Sichtbarkeit mit Wirksamkeit. Sie
zeigen, wie viel sie investiert haben – in der Hoffnung,
dass der Aufwand als Beweis für Qualität anerkannt
wird:

„Ich habe vier Nächte daran gearbeitet.“

„Ich hab's dreimal von Grund auf neu aufgebaut."

„Das war eine echte Tortur – aber ich habe durchgehalten."

Das klingt ehrenwert. Doch der Effekt ist oft enttäuschend:

Das Ergebnis wirkt mühsam, nicht mühelos.

Die Leistung wird als Produkt von Fleiß, nicht von Talent wahrgenommen.

Die Erzählung erzeugt Mitleid – nicht Bewunderung.

Denn je mehr du über den Schmerz hinter dem Werk sprichst, desto weniger wirken das Werk – und du – magisch.

→ Große Wirkung entsteht nicht durch Leiden – sondern durch das elegante Verschweigen der Mühe.

III. Unsichtbare Vorbereitung – sichtbare Souveränität
Die besten Tänzer, die besten Redner, die besten Leader wirken nicht überlegen, weil sie alles richtig machen – sondern weil sie so wirken, als müssten sie es nicht einmal versuchen.

Natürlich steckt jahrelanges Training dahinter. Natürlich kostet es Energie, Disziplin, Fehlschläge. Doch wenn es darauf ankommt, sieht man nichts davon.

Und genau deshalb wirkt es übermenschlich.

Der wahre Meister ist nicht der, der alles weiß –
sondern der, der es so zeigt, als sei es Teil seiner
Natur.

IV. Die hohe Schule der Leichtigkeit
Leichtigkeit ist kein Mangel an Tiefe. Sie ist die
verdeckte Form von Kompetenz.

Sie zeigt sich:

in der Klarheit eines Satzes, der nicht vorbereitet
wirkt, aber tief trifft,

in der Art, wie jemand reagiert, ohne dass man spürt,
dass er kalkuliert,

in der Gelassenheit eines Menschen, der viel weiß –
und nichts beweisen muss.

Leichtigkeit heißt nicht: Ich tue wenig.
Leichtigkeit heißt: Ich habe so viel getan, dass ich es
nicht mehr zeigen muss.

V. Beispielhafte Anwendung: Vier Lebensfelder
1. Karriere
Sprich nicht über Nachtschichten. Sprich über
Lösungen.

Antworte auf Kritik nicht mit Verteidigung – sondern
mit Ruhe.

Erkläre nichts, was du durch Präsenz klären kannst.

2. Kreativität
Lass dein Werk wirken – nicht deine Erklärung dafür.

Streiche 80 % – aber sage es nie.

Wenn jemand fragt, wie du auf die Idee kamst: „Sie kam einfach."

3. Soziale Beziehungen
Bedanke dich für Lob, ohne dich kleinzumachen.

Halte Gespräche auf Augenhöhe – durch Haltung, nicht durch Lautstärke.

Bleib ruhig, wenn andere laut werden – das wirkt doppelt stark.

4. Machtspielräume
Entscheide souverän – ohne Inszenierung.

Handle vorausschauend – aber tu so, als sei es Intuition.

Reagiere unvorhersehbar – aber bleib innerlich geordnet.

Kapitel 11: Die gelenkte Wahl – Kontrolle ohne Befehl
I. Das mächtigste Mittel: Die Freiheit, die keine ist
In der Welt der Strategie gibt es eine Technik, die so effektiv wie unsichtbar ist: Menschen Entscheidungen

vorzugeben, während sie glauben, sie selbst getroffen zu haben.

Die meisten Menschen wehren sich gegen Kontrolle. Sie folgen nicht gern Regeln, die ihnen aufgezwungen werden. Aber sie folgen bereitwillig Strukturen, die sie für ihre eigene Wahl halten.

→ Die Kunst liegt nicht darin, Menschen zu lenken – sondern darin, ihnen das Gefühl zu geben, sie lenkten sich selbst.

II. Die Taktik der gelenkten Wahl: Das Prinzip in Aktion
1. Im Management
Der Vorgesetzte will, dass ein Mitarbeiter ein unangenehmes Projekt übernimmt.
Anstatt zu sagen: „Mach das", fragt er:

„Willst du lieber den Zeitplan koordinieren oder die Präsentation halten?"
Beides ist Teil desselben Projekts. Der Mitarbeiter entscheidet – und fühlt sich frei.

2. In der Politik
Ein umstrittener Vorschlag soll durchgesetzt werden. Die Regierung inszeniert eine Debatte zwischen einer extremen und einer moderaten Lösung.

Die extreme Option wirkt schockierend. Die moderate, aber gewünschte Lösung wird dadurch akzeptabel.

Die Öffentlichkeit glaubt, das kleinere Übel gewählt zu
haben – doch in Wahrheit war es die ursprünglich
beabsichtigte Entscheidung.

3. In der Erziehung
Ein Kind soll ins Bett gehen. Statt zu sagen:
„Ab ins Bett!", fragt der Elternteil:

„Möchtest du zuerst Zähne putzen oder zuerst deinen
Schlafanzug anziehen?"
Beide Wege führen zum Ziel – aber das Kind
entscheidet.

III. Warum es so gut funktioniert: Psychologie der
Autonomie
Menschen brauchen das Gefühl, ihr Schicksal selbst zu
steuern. Der Verlust von Kontrolle löst Widerstand
aus – selbst bei kleinen Dingen. Doch wenn die
Kontrolle verpackt wird in Wahlmöglichkeiten, bleibt
das Autonomiegefühl erhalten.

„Ich durfte entscheiden."
„Ich habe mitgewirkt."
„Ich war Teil des Prozesses."

➡ Das verhindert Widerstand – und verstärkt die
Bindung.

IV. Du musst nicht den Spieler lenken – nur das
Spielfeld
Das Entscheidende ist nicht, was andere wählen –
sondern was sie zur Auswahl bekommen. Wer den

Rahmen kontrolliert, braucht die Entscheidung nicht
zu beeinflussen.

Du definierst, worüber gesprochen wird.

Du entscheidest, welche Optionen auf dem Tisch
liegen.

Du gestaltest die Alternativen – alle führen zu dir.

→ Wer den Diskurs kontrolliert, braucht keine
Überzeugungskraft.

Kapitel 12: Der Unsichtbare Spieler – und warum er
gewinnt
I. Der Stratege als Regisseur
Ein großer Stratege ist kein Diktator, sondern ein
stiller Architekt.
Er schreit nicht. Er zwingt nicht. Er lockt. Er leitet. Er
lässt spielen.

Er schreibt das Drehbuch – und überlässt anderen die
Hauptrolle.

Er definiert den Rahmen – und lässt andere darin
agieren.

Er bleibt im Schatten – während andere im Licht
glauben, es gehöre ihnen.

→ Das ist die höchste Form der Kontrolle: Die
Kontrolle, die nicht als solche erkannt wird.

II. Fazit: Macht, die man nicht spürt, ist die stärkste
Die Welt bewundert die Künstler, nicht die Kämpfer.
Sie folgt den Regisseuren, nicht den Kommandanten.
Sie spielt gern mit – wenn sie glaubt, das Spiel selbst
gewählt zu haben.

Wer Leichtigkeit ausstrahlt, wirkt wie ein Naturtalent.
Wer Wahl lässt, wird als fair empfunden.
Wer lenkt, ohne zu drücken, regiert – ohne zu
herrschen.

Schlussgedanke
„Sei derjenige, der die Bühne baut – nicht derjenige,
der um Applaus bittet."

„Leite das Spiel – und lass andere glauben, es sei
ihres."

In der Kunst der unsichtbaren Wirkung liegt die
wahre Macht.
Nicht der sichtbar Mächtige ist am einflussreichsten –
sondern der, dessen Hand man nicht sieht, während
man tut, was er will.

Wer mit den Träumen der Menschen spielt, führt sie –
ohne sie zu zwingen
I. Träume sind keine Flucht – sie sind der wahre
Motor menschlicher Bewegung
Die Welt ist oft kalt, kompliziert, widersprüchlich.
Menschen erleben Ablehnung, Routine, Niederlagen.
Viele fühlen sich gefangen in einer Realität, die ihnen

nicht entspricht – in Beziehungen, die sie nicht
nähren, in Berufen, die sie auslaugen, in Systemen, die
sie nie gewählt haben.

Doch trotz allem geben die meisten nicht auf.
Warum?

Weil sie träumen.
Von einem anderen Leben. Einer besseren Version
ihrer selbst. Von Anerkennung. Freiheit. Liebe.
Bedeutung.

Träume sind keine Illusionen. Sie sind emotionale
Landkarten, innere Nordsterne. Sie strukturieren das
Leben – nicht durch Logik, sondern durch Hoffnung.
Und genau dort, im Zwischenraum zwischen Realität
und Sehnsucht, entsteht die größte strategische
Macht:

Wer mit den Träumen anderer in Resonanz tritt, wird
nicht geführt – er wird freiwillig gefolgt.

II. Menschen sind keine Logiker – sie sind Sinnsucher
Der Mensch will glauben.
Nicht im religiösen Sinn. Sondern im existenziellen. Er
will glauben, dass sein Leben eine Bedeutung hat.
Dass es irgendwohin führt. Dass er Teil eines
Narrativs ist, das größer ist als seine Alltagssorgen.

Und deshalb folgt er nicht dem Faktenmenschen,
nicht dem rationalen Korrektor, nicht dem
nüchternen Planer – sondern dem Erzähler.

Der Erzähler, der Bilder malt.
Der Erzähler, der Sehnsüchte benennt.
Der Erzähler, der Mut gibt – nicht durch Beweise,
sondern durch Vision.

Der größte Fehler vieler kluger Menschen ist es, zu
argumentieren, wo sie erzählen müssten.

III. Der Mensch folgt dem Bild, nicht dem Befehl
Träume sind keine Gedanken – sie sind Bilder.
Sie sind Filme im Kopf. Gerüche von Möglichkeiten.
Echo vergangener oder nie erreichter Ideale.

Und das Entscheidende: Sie sind emotional offen. Sie
lassen sich deuten. Ergänzen. Besetzen.

Hier entsteht der Raum für Macht. Denn:

Wenige Menschen wissen, was sie wirklich wollen –
aber sie erkennen es, wenn du es für sie in Worte
fassen kannst.

IV. Archetypen in Aktion: Drei Spielfelder der
Traumlenkung
1. Der Verführer: Du bist, was sie sehen wollen
Ein kluger Verführer spricht nicht über sich. Er hört.
Er scannt. Er liest zwischen den Sätzen. Und dann
wird er nicht „echt", sondern angemessen symbolisch.
Er wird zum Spiegelbild der inneren Leere seines
Gegenübers.

Wer sich klein fühlt, braucht den Helden.

Wer sich verloren fühlt, sucht den Kompass.

Wer sich gefangen fühlt, sehnt sich nach Rebellion.

Der Verführer verkörpert nicht sich selbst – sondern
die Figur, die die andere Person braucht, um sich ganz
zu fühlen.

2. Der Visionär: Du wirst Teil einer Bewegung – nicht
nur eines Plans
Ein Visionär verkauft kein Produkt, kein Gesetz,
keinen Posten – er verkauft eine Zukunft, in der du
vorkommst.

Martin Luther King sagte nicht:

„Ich fordere einen Paragraphen.“
Er sagte:
„Ich habe einen Traum.“ – und Millionen schlossen
sich an, weil sie sich in diesem Traum wiederfanden.

Ein visionärer Führer bietet keine Lösung. Er bietet
ein Bild, das dich auflädt.

Er nutzt Emotion, nicht Information.

Er spricht archetypisch, nicht detailliert.

Er bewegt, weil er dich sehen lässt, wer du sein
könntest.

3. Die Marke: Du kaufst kein Produkt – du kaufst
Identität

In der modernen Welt haben Marken den Platz der Götter eingenommen. Sie definieren Stile, Status, Lebensgefühl.

Du kaufst kein iPhone. Du kaufst den Traum von Stil, von Anderssein, von Kreativität.
Du kaufst kein Nike-Schuh. Du kaufst den Traum, dein eigenes Heldentum zu bewohnen.

Starke Marken erzählen Geschichten – keine Funktionen.

Apple: „Du bist ein Schöpfer.“

Nike: „Du überwindest dich.“

Tesla: „Du bist Teil des Wandels.“

➡ Die Ware ist real – aber die Entscheidung basiert auf emotionaler Identifikation.

V. Die Technik: Wie du Träume sichtbar machst
Um gezielt mit Träumen zu arbeiten, musst du lernen, was Menschen vermissen – nicht nur, was sie sagen.

1. Frag nicht: Was ist dein Ziel? Frag: Was fehlt dir im Leben?
Träume sind keine Pläne. Sie sind das Echo eines emotionalen Mangels.

2. Zeige, dass du sie „siehst“.
Menschen folgen nicht denen, die groß sind – sondern denen, bei denen sie sich selbst größer fühlen.

3. Male ein Bild – kein Diagramm.
„Stell dir vor …“
„Wie würdest du dich fühlen, wenn …?“
„Was wäre, wenn du morgen …?“
Der Moment, in dem du jemanden zum inneren Sehen
bringst, ist der Moment, in dem du ihn lenkst.

VI. Warum diese Strategie (fast) unwiderstehlich ist
Weil sie nicht als Strategie erscheint.
Weil sie nicht wie Kontrolle wirkt – sondern wie
Erlösung.
Weil Menschen nicht aufhören zu hoffen – selbst
wenn sie längst verletzt wurden.

Träume sind das letzte, was der Mensch sich nehmen
lässt.
Wer mit ihnen spielt, besitzt den Schlüssel zur
Entscheidungskraft – ohne je Druck auszuüben.

VII. Warnung: Wer Träume weckt, darf sie nicht
zerstören
Träume sind heilig. Nicht im religiösen Sinne –
sondern im psychologischen.
Wer sie nur benutzt, ohne sie zu respektieren, wird
irgendwann gehasst.
Denn nichts ist grausamer, als jemandem zu zeigen,
was möglich wäre – und ihn dann in der Realität allein
zu lassen.

Die Grenze zwischen Inspiration und Manipulation ist
schmal – und sie verläuft nicht in der Methode,
sondern in der Intention.

→ Spiele mit Träumen – aber nicht mit den Herzen derer, die träumen.

VIII. Fazit: Träume führen – klüger als jedes Argument
Der Mensch folgt nicht der Wahrheit.
Er folgt dem Gefühl, dass sein Leben Bedeutung haben könnte.

Wenn du das Gefühl erzeugen kannst, dass jemand in dir seinen Traum gespiegelt sieht, wirst du alles erreichen:

Zustimmung, ohne zu überzeugen.

Gefolgschaft, ohne Zwang.

Bewunderung, ohne Beweise.

Denn Träume sind nicht logisch. Aber sie sind magnetisch.

Der Mensch gehorcht nicht. Er folgt.
Und er folgt nicht dir – sondern dem Bild, das er mit dir verbindet.

Abschlusssatz
Wer lernt, Träume nicht zu verkaufen, sondern zu bewohnen,
wird nie befehlen müssen – denn er wird führen, ohne es zu fordern.

—

Der Schatten dieser Macht

Doch Achtung: Diese Strategie birgt Verantwortung.
Wer Träume verkauft, trägt die Macht, andere zu
blenden – aber auch die Pflicht, sie nicht zu zerstören.
Wer zu oft Illusionen weckt, die nie erfüllt werden,
wird früher oder später als Blender entlarvt.

Aber wer die Träume anderer respektiert und sie in
eine Richtung lenkt, die *möglich* ist – der wird zum
echten Anführer, Mentor oder Inspirator.

—

Fazit: Der Traum ist der Schlüssel zum Herzen

Willst du Einfluss haben, versuche nicht, mit der
Realität zu kämpfen – **erschaffe eine Vorstellung
davon, wie die Welt sein könnte.** Mache dich zur
Oase in der Wüste des Alltags. Menschen sehnen sich
nach Licht, wenn sie im Dunkeln stehen. Gib ihnen
einen Schein – und sie werden ihn für Wahrheit
halten.

**„Wenn du die Herzen der Menschen gewinnen
willst, sprich nicht zu ihrem Verstand – sprich zu
ihren Träumen."**

Die unsichtbare Schraube – Wie man Schwächen
erkennt, Druck erzeugt und Verhalten lenkt
I. Die Täuschung des Unantastbaren

Manche Menschen wirken unerschütterlich.
Sie erscheinen souverän, beherrschen jede
Gesprächssituation, treffen Entscheidungen mit
ruhiger Stimme, begegnen Angriffen mit einem
Lächeln. Doch wer genau hinschaut, erkennt: Selbst
die Standhaftesten stehen auf psychologischem
Untergrund.

Niemand ist durchgängig stark.
Hinter jedem maskenhaften Selbstbild lauert ein Riss
– sei es biografisch, emotional, identitär oder
moralisch.
Und dieser Riss ist der Ansatzpunkt für jeden, der
verstehen – oder lenken – will.

Denn so stark ein Mensch auch wirkt:
Er wird immer schwächer dort, wo sein eigenes
inneres Gleichgewicht auf einer alten Wunde ruht.

II. Die „Daumenschraube": Eine stille Technik der
Einflussnahme
Der Begriff „Daumenschraube" stammt aus dem
Mittelalter, als körperliche Folter den Willen brechen
sollte.
Im heutigen, psychologisch-strategischen Sinn ist sie
etwas Subtileres – und weitaus Effektiveres:

Eine Daumenschraube ist ein emotionaler oder
biografischer Druckpunkt – ein inneres
Spannungsfeld, das sich gezielt aktivieren lässt, um
Verhalten zu verändern.

Diese Schwäche kann eine konkrete Angst sein, eine unterdrückte Erinnerung, ein ungeklärter Selbstkonflikt, eine versteckte Schuld, ein chronischer Selbstzweifel oder ein tief sitzendes Bedürfnis.

Je besser du das emotionale System eines Menschen verstehst, desto feiner kannst du die Schraube ansetzen – und drehen, ohne dass der andere überhaupt merkt, dass du ihn steuerst.

III. Warum Schwäche nicht „Schwäche" heißt
Viele verwechseln Schwäche mit „Fehler" oder „Versagen".
Doch das wäre zu oberflächlich gedacht.

Die psychologische Schwäche eines Menschen ist meist:

sein wertvollster Besitz, den er um jeden Preis schützen will,

sein ungestillter Hunger, den er selbst nicht versteht,

oder sein inneres Selbstbild, das er nie infrage stellen möchte.

Diese Schwächen können aus Kindheitstraumata stammen, aus alten Kränkungen, aus ungelebten Sehnsüchten oder überkompensierten Ängsten.

Sie sind wie innere Sollbruchstellen – meist gut verdeckt, aber immer da. Und wer sie erkennt, hat die Kontrolle.

IV. Die 7 häufigsten Daumenschrauben – und wie man sie identifiziert

🔍 1. Das Verlangen nach Bedeutung (Anerkennungsdruck)

Typische Anzeichen: Übertriebene Selbstdarstellung, Aufzählung von Erfolgen, Empfindlichkeit bei Kritik.
Nutzen:

Zuwendung als Belohnung einsetzen.

Entzug von Sichtbarkeit als Drohung wirken lassen.

Identifikation mit Idealen anbieten: „Du bist wichtig für dieses Projekt. Ohne dich verliert es seine Kraft."

Effekt: Der Wunsch, gesehen zu werden, wird zur Leine – nicht durch Zwang, sondern durch Aufmerksamkeit.

🔍 2. Schuld und moralischer Selbstschutz

Typische Anzeichen: Überkorrektes Verhalten, Reizbarkeit bei ethischen Fragen, auffällige Geheimnistuerei.
Nutzen:

Fragen stellen, die Nähe zu verborgenen Themen schaffen.

Schweigen einsetzen – als Spiegel, nicht als Angriff.

„Ich weiß nicht alles, aber ich merke, dass du da etwas trägst" – kann schon ausreichen.

Effekt: Die Angst, entlarvt zu werden, erzeugt Gehorsam – selbst wenn du nicht drückst.

🔍 3. Verlustangst (emotional oder materiell)
Typische Anzeichen: Kontrolle, Besitzdenken, Misstrauen, übermäßige Planung.
Nutzen:

Konfrontation mit Alternativen: „Was, wenn das wegfällt?"

Sicherheit temporär zusprechen – aber bewusst instabil halten.

Neue „sichere Häfen" anbieten – gegen Gegenleistung.

Effekt: Wer Angst hat, etwas zu verlieren, wird freiwillig alles tun, um es zu behalten.

🔍 4. Biografische Wunde (Ungelöste Vergangenheit)
Typische Anzeichen: Überreaktion auf bestimmte Begriffe, Abschweifen, plötzlicher Rückzug bei bestimmten Themen.
Nutzen:

Trigger erkennen und vermeiden – oder gezielt antippen.

Die Wunde indirekt „rahmen": „Es gibt Themen, die wirken tief – du kennst das, oder?"

Leise Konfrontation: nicht als Angriff, sondern als Deutung.

Effekt: Alte Wunden wollen geschützt werden – dieser Schutzwille kann zur Steuerung genutzt werden.

🔍 5. Narzisstische Überkompensation
Typische Anzeichen: Überlegenheitssprache, Abwertung anderer, Unfähigkeit zur Selbstkritik.
Nutzen:

Zweifel streuen, subtil und höflich.

Alternative Autoritäten ins Spiel bringen.

Loben – und dann Grenzen setzen: „Stark gemacht. Aber mir ist etwas aufgefallen ..."

Effekt: Wer unbedingt groß wirken will, kann durch gezielte Entmythisierung aus der Fassung gebracht werden.

🔍 6. Abhängigkeit von der Rolle (Selbstbildfesselung)
Typische Anzeichen: Überidentifikation mit Beruf, Titel, Image.
Nutzen:

Konfrontation mit der Idee, „nicht gebraucht" zu werden.

Illusion von Austauschbarkeit erzeugen.

Rolle loben – aber vom Menschen trennen.

Effekt: Wer sich nur über seine Funktion definiert, verliert die Kontrolle, wenn diese bedroht wird.

🔍 7. Kindliche Sehnsucht nach Zugehörigkeit
Typische Anzeichen: Harmoniebedürfnis, Angst vor Ausgrenzung, übermäßige Anpassung.
Nutzen:

Zugehörigkeit versprechen – unter Bedingungen.

Emotionale Distanz einsetzen als Druckmittel.

Ablehnung simulieren – aber wieder aufheben.

Effekt: Der Wunsch, dazuzugehören, ist mächtiger als jede Logik – er macht Menschen formbar.

V. Wie man die Schraube findet – ohne zu suchen
Du musst nicht bohren, nicht fragen, nicht psychologisieren.
Es reicht, präsent zu sein:

Beobachte Unstimmigkeiten: Was sagt jemand – und was tut er?

Lies zwischen den Zeilen: Wo betont jemand „zu viel"?

Teste durch Mikroaktionen: Entziehe, ignoriere,
zögere – und beobachte die Reaktion.

Der Körper verrät die Schwäche lange bevor der
Verstand sie erkennt.

VI. Ethik der Macht: Kontrolle heißt nicht Zerstörung
Diese Methoden sind scharf. Sie können führen – oder
vernichten.

Frage dich immer:

Nutze ich diese Schwäche, um jemandem zu helfen –
oder um ihn zu unterwerfen?

Diene ich einem Ziel – oder meiner Eitelkeit?

Führe ich – oder dominiere ich?

Denn wer die Daumenschraube zu fest dreht, zerstört
nicht nur das Gegenüber – sondern auch seine eigene
Integrität.

Macht ist Kunst – nicht Missbrauch. Wer das nicht
versteht, ist kein Stratege, sondern ein Tyrann.

VII. Fazit: Die größte Kontrolle ist die, die unsichtbar
bleibt
Du musst niemanden niederringen.
Du musst nur wissen, wo er schwankt – und wie du
die Richtung dieses Schwankens nutzt.

Denn:

Ein Mensch wird dich bekämpfen, wenn du ihn konfrontierst.

Aber er wird dir folgen, wenn du ihn dort berührst, wo er sich selbst nicht kennt.

Wer die Schwäche kennt, hält nicht den anderen fest – er hält den Moment, in dem alles kippen kann.

—

🎭 **Wie man die Daumenschraube findet – Methoden der psychologischen Beobachtung**
1.	**Zuhören, was nicht gesagt wird**
– Oft verraten Körpersprache, Ausweichmanöver oder übertriebene Reaktionen mehr als Worte.
2.	**Fragen stellen, die ins Innere führen**
– *„Was wäre für dich das Schlimmste?", „Was ist dir am wichtigsten?", „Wovor hast du Angst?"*
Menschen entlarven ihre Schwächen oft unbewusst – in Nebensätzen oder ironischen Bemerkungen.
3.	**Beobachten, wofür jemand kämpft oder leidet**
– Wo starke Emotionen sind, liegt oft der Zugang zur Schwachstelle.

—

🪨 **Beispiele aus der Praxis**

1. In Verhandlungen

Ein erfahrener Verhandler erkennt, dass sein Gegenüber Angst vor dem Scheitern hat, weil er vor Vorgesetzten steht. Er nutzt dies, um vermeintlich großzügige Angebote zu machen – unter Bedingungen, die er selbst diktiert. Der andere akzeptiert, weil er nicht „derjenige sein will, der es vermasselt".

2. In Beziehungen

Ein Partner spürt, dass der andere sich ohne ihn wertlos fühlt. Er nutzt dies, um Kontrolle auszuüben – z. B. durch Rückzug von Aufmerksamkeit, Androhung des Verlassens oder Liebesentzug.
Dies ist toxisch – aber psychologisch wirksam.

3. Im Machtspiel am Arbeitsplatz

Ein Mitarbeiter kennt ein dunkles Geheimnis seines Chefs – z. B. eine Affäre oder einen früheren Fehler. Er äußert sich nie offen, aber lässt durchblicken, dass er „alles weiß". Der Chef beginnt, Rücksicht zu nehmen – aus Angst vor Bloßstellung.

—

⚖️ Ethik & Verantwortung

Wichtig: Diese Technik ist **mächtig – aber moralisch heikel**. Sie kann Menschen manipulieren, demütigen oder zerstören. Doch sie kann auch **helfen,**

Machtmissbrauch zu stoppen, Gerechtigkeit herzustellen oder Verhalten zu verändern.

Es kommt darauf an, **wie du den Hebel einsetzt**:
- **Zum Unterdrücken?** → Missbrauch.
- **Zum Schutz oder zur strategischen Führung?** → legitimer Einsatz von Einfluss.

„Macht bedeutet nicht, zu zwingen – sondern Menschen dazu zu bringen, *freiwillig* das zu tun, was du willst."

—

⏮ **Fazit: Die Schwäche ist der Schlüssel zur Kontrolle**

Jeder Mensch hat eine Achillessehne – ein Punkt, an dem seine Fassade bröckelt. Wer diesen Punkt kennt, kann lenken, führen oder dominieren.
Doch mit dieser Fähigkeit kommt Verantwortung.
Denn Macht, die auf inneren Wunden aufgebaut ist, kann ebenso heilen wie zerstören.

„Wer die Seele des Menschen berührt, hält sein Schicksal in der Hand."

Handle wie ein König – und die Welt beugt sich deinem inneren Thron

Über Selbstachtung, Statusbewusstsein und die Kunst, Autorität auszustrahlen, bevor sie anerkannt wird

I. Die unsichtbare Krone: Warum dein innerer Status wichtiger ist als jeder äußere Rang

Echte Autorität beginnt nicht mit einem Titel – sondern mit einer Haltung.
Sie ist nicht abhängig von Position, Machtmitteln oder Kleidung. Sie entsteht dort, wo ein Mensch sich selbst als würdig empfindet – nicht im Vergleich zu anderen, sondern im Spiegel seiner eigenen Maßstäbe.

Die Menschen achten dich so sehr, wie du dich selbst achtest.
Sie folgen dir so weit, wie du dir selbst vertraust.
Und sie glauben dir nur dann, wenn du nicht mehr versuchst, dich zu beweisen.

Wer sich klein macht, wird übersehen.
Wer sich selbst herabsetzt, gibt anderen die Erlaubnis, dasselbe zu tun.
Doch wer still, klar, ruhig und innerlich aufgerichtet auftritt, zieht Blick, Respekt – und Raum an.

II. Die Königsfigur als archetypische Führungsform

In der Mythologie und in alten Kulturen steht die Königsfigur nicht einfach für Herrschaft – sondern für Ordnung, Zentrum und Maß. Der König war derjenige, der Ruhe ins Chaos brachte, weil er selbst innerlich geordnet war.

Er wurde nicht bewundert, weil er herrschte – sondern weil er als Symbol für Klarheit, Gerechtigkeit und Standfestigkeit galt.

Diese Archetypen wirken auch heute noch – in Konferenzen, Bewerbungsgesprächen, Beziehungen, Führungspositionen. Nur sind die Kronen heute unsichtbar. Aber: Die Reaktionen auf sie sind real.

III. Die Psychodynamik des Auftretens: Warum sich andere deinem Bild anpassen
In sozialen Systemen gilt: Wer den höchsten inneren Status ausstrahlt, strukturiert unbewusst das Verhalten aller anderen. Menschen passen sich nicht Fakten an – sondern Energien. Und sie nehmen feinstofflich wahr:

Wer zweifelt.

Wer sich schämt.

Wer überzeugt ist.

Wer Verantwortung trägt – und wer sie meidet.

So entsteht nicht nur Einfluss, sondern auch Führung – nicht durch Redegewalt, sondern durch Resonanz.

Wenn du dich wie ein König gibst – fest, ruhig, fokussiert –, dann stellt sich deine Umgebung unbewusst auf dich ein. Nicht, weil du es forderst. Sondern, weil du den Rahmen definierst.

IV. Drei historische Beispiele, wie königliches Auftreten Realität formt
♜ 1. Nelson Mandela – Würde trotz Gefangenschaft

Mandela war 27 Jahre lang politischer Gefangener –
doch er trat bei Verhandlungen nicht als
Unterworfener auf, sondern als moralische Autorität.
Er sprach ruhig, stellte Forderungen mit Klarheit,
ohne Bitterkeit.

Die Wirkung?
Er war nie Präsident im Moment des Sprechens – aber
er wirkte wie einer.
Und die Welt behandelte ihn entsprechend.

🛡 2. Königin Elisabeth I – Präsenz als Waffe
In einer Männerwelt übernahm sie die Macht
Englands. Sie regierte nicht durch Wut, sondern durch
Haltung.
In ihrer berühmten Tilbury-Rede 1588 sprach sie zu
ihren Truppen:

„Ich mag zwar den Körper einer schwachen Frau
haben, doch ich habe das Herz und den Magen eines
Königs – und zwar eines Königs von England."

Diese Worte veränderten das Selbstbild ihres Volkes.
Nicht durch Lautstärke, sondern durch königliche
Selbstverortung.

🕰 3. Steve Jobs – Inszenierung durch Präsenz
Jobs trat nie wie ein klassischer CEO auf. Aber wenn
er eine Bühne betrat, war er König:

Wenige Worte.

Klare Pausen.

Absolute Selbstgewissheit.

Er verkaufte keine Technik – er strahlte
Überlegenheit aus, weil er an seine Vision glaubte.
Und das Publikum glaubte mit.

V. Die sieben Rituale königlicher Ausstrahlung –
praktisch anwendbar
1. Selbstachtung kultivieren – nicht durch Vergleich,
sondern durch Prinzipien
Woran misst du deinen Wert? Wenn du ihn nur von
Titeln, Einkommen oder Aufmerksamkeit abhängig
machst, bleibt er fragil.
Ein König definiert sich durch innere Maßstäbe:

Wie handle ich unter Druck?

Bin ich meinem eigenen Ideal treu?

Bleibe ich aufrecht – auch ohne Applaus?

2. Körpersprache: Der Leib als Bühne der Würde
Geh aufrecht, langsam, bewusst.

Nutze Pausen.

Sitze mit Haltung, nicht mit Spannung.

Halte Augenkontakt – nicht aggressiv, sondern still
wach.

Dein Körper verrät, ob du deine Rolle glaubst – oder
bloß spielst.

3. Sprache: Souverän statt servil
Sage:

„Ich empfehle …“,

„Ich stehe für …“,

„Ich vertrete den Standpunkt …“

Meide:

„Ich hoffe, es ist okay …“

„Ich bin nicht sicher, aber …“

„Nur meine Meinung …“

Ein König erklärt nicht – er verkörpert.

4. Die Kunst des Nein
Ein „Nein“ mit Würde sagt oft mehr über dich aus als
zehn Zugeständnisse.
Grenzen erzeugen Status – nicht durch Härte, sondern
durch Klarheit.

Wer alles mitmacht, wird irgendwann übergangen.
Wer auswählt, wird als Quelle wahrgenommen – nicht
als Konsument.

5. Innere Ruhe als Signatur von Macht

Wer ständig reagiert, verliert den Thron.
Wer wartet, denkt, plant, beobachtet – wirkt
überlegen.

Geduld ist kein Zeitverlust.
Sie ist das Zeichen, dass du deinen eigenen Rhythmus
führst – statt dem Takt anderer zu folgen.

6. Fehler tragen wie ein Mantel – nicht wie eine Last
Ein König fürchtet keine Schwäche.
Er zeigt sie nicht impulsiv – aber er versteckt sie auch
nicht.
Er steht dazu – mit Haltung.

„Ja, ich habe falsch gelegen – und trage die
Konsequenz."
So ein Satz wiegt schwerer als jede Verteidigung.

7. Deine Umgebung als Spiegel – und Testfeld
Räume auf.

Kleide dich nicht teuer – sondern bewusst.

Wähle Worte, Musik, Bücher, Menschen, die dich
erheben, nicht zerstreuen.

Ein König achtet nicht nur auf sein Reich – sondern
auch auf seinen Hofstaat.

VI. Der Unterschied: König oder Narzisst?
Ein König lebt für das Ganze.
Ein Narzisst für sich selbst.

Ein König lässt andere wachsen.
Ein Narzisst drückt sie nieder, um größer zu wirken.

Ein König dient seinem Ideal.
Ein Narzisst sucht Bestätigung.

Königliches Verhalten basiert auf innerer Stabilität –
nicht auf dem Hunger nach Aufmerksamkeit.

VII. Fazit: Du bist der erste, der dich krönen muss
Warte nicht, bis andere dich sehen.
Begegne dir selbst mit Würde – dann werden es
andere übernehmen.
Denn kein Mensch folgt demjenigen, der sich selbst
nicht traut, zu führen.

Trage die Krone nicht auf dem Kopf, sondern in
deinem Rückgrat.
Dann kannst du sie nie verlieren – egal, was die Welt
dir nimmt.

Wenn du möchtest, kann ich diesen Text als
Grundlage für ein Selbstentwicklungsseminar, ein
Leadership-Modell, oder eine Anleitung zur
nonverbalen Statuskommunikation weiter ausbauen –
auch mit Übungen, Reflexionsfragen und
Praxissituationen. Sag einfach Bescheid.

Die unsichtbare Macht des perfekten Augenblicks –
Timing als Königsdisziplin der Einflussnahme
In der Welt der Strategie, des Machtspiels und der
sozialen Dynamik ist es nicht die Handlung selbst, die

über Sieg oder Niederlage entscheidet – sondern der Zeitpunkt, an dem sie erfolgt.

Ein kluger Satz zur falschen Zeit wirkt wie ein schlechter.
Ein brillanter Plan, zu früh oder zu spät umgesetzt, scheitert an der Wirklichkeit.
Timing ist nicht nur Technik – es ist Haltung, Disziplin und Intuition zugleich.

I. Die Psychologie des Timings – Warum Geduld als Stärke wahrgenommen wird
Der Mensch neigt zum Sofortismus:
Wir wollen antworten, reagieren, handeln – schnell.
Denn Stille erzeugt Ungewissheit. Und Ungewissheit erzeugt Druck.

Doch genau darin liegt die Macht derjenigen, die diesen Druck nicht nur aushalten – sondern gestalten.

Wer schweigt, zwingt den anderen, sich zu erklären.

Wer nicht sofort reagiert, signalisiert Souveränität.

Wer beobachtet, bevor er spricht, wirkt kontrolliert – unabhängig vom Inhalt.

Der Geduldige wirkt größer, weil er nicht zuckt.
Der Wartende wirkt stärker, weil er nicht getrieben ist.
Derjenige, der schweigt, wirkt tiefer – weil die Stille aufgeladen ist.

II. Erweiterte Beispiele für meisterhaftes Timing

🍀 1. Der Verhandler – Schweigen als Waffe der Kontrolle
Ein erfahrener Verhandler weiß: Nicht Argumente entscheiden – sondern Nerven.

Beispiel:
Ein Immobilienkäufer macht ein Angebot. Der Verkäufer reagiert nicht. Kein Lächeln, keine Bewegung. Er blickt nur – neutral, fast leer. Sekunden vergehen. Der Käufer hält den Druck nicht aus und erhöht sein Angebot, noch bevor etwas gesagt wurde.

Warum wirkt das?
Weil Schweigen einen psychologischen Raum öffnet, in dem sich der andere selbst entblößt – aus Unsicherheit.

♟ 2. Die Führungskraft – Präsenz durch Verzögerung
Eine gute Führungskraft spricht nicht impulsiv, sondern maßvoll.
Sie betritt Meetings nicht gehetzt, sondern gesetzt.
Sie antwortet nicht sofort – sondern nach kurzem Innehalten.

Dieser kleine Moment – diese Pause – verleiht ihren Worten Gewicht.
Denn was nicht sofort kommt, scheint überlegt. Und was überlegt wirkt, wirkt vertrauenswürdig.

Menschen verwechseln oft Lautstärke mit Autorität.
In Wahrheit entsteht Autorität aus Stille, Timing und
Haltung.

🖤 3. Zwischenmenschliche Beziehungen –
Anziehung durch Verzögerung
Auch im Bereich Liebe, Freundschaft, Networking
oder Flirt gilt:
Sofortige Reaktionen wirken verfügbar – und damit
weniger wertvoll.

Wer hingegen nicht reflexartig antwortet, sondern
sich Zeit nimmt – wirkt:

unabhängig

begehrenswert

überlegen

Ein einfaches Beispiel:
Du bekommst eine Einladung. Du sagst nicht sofort
zu.
Du antwortest am nächsten Tag – freundlich, aber in
deinem Rhythmus.
Signal: „Ich habe Optionen. Ich wähle bewusst."

Wert entsteht nicht nur durch Präsenz – sondern
durch Knappheit. Und Timing erschafft Knappheit.

⚔️ 4. Militär und Strategie – Angriff erst bei
maximaler Schwäche des Gegners

Sunzi („Die Kunst des Krieges") schrieb:

„Ein guter General greift nicht an, wenn der Feind stark ist – sondern wenn er unachtsam ist."

Ein Angriff zur falschen Zeit ist Verlust – selbst wenn du stark bist.
Ein Angriff zum richtigen Zeitpunkt ist Sieg – selbst wenn du schwächer bist.

Timing ist im Krieg wie im Leben oft die eigentliche Waffe.

🎭 5. Bühnenkunst, Comedy, Rhetorik – Der Wert der Pause
Ein Komiker, der die Pointe zu früh bringt, verliert den Lacher.
Ein Redner, der wichtige Worte zu schnell sagt, verliert die Wirkung.

Die Pause vor der Aussage lädt sie auf.
Die Pause nach der Aussage lässt sie wirken.

Beispiel:
„Ich habe einen Entschluss gefasst … (Pause) … Ich verlasse die Firma."

Die Stille dazwischen ist nicht leer. Sie ist Bühne.

III. Wie du Timing in dein Leben integrierst – 6 Strategien
🛠 1. Trainiere das Innehalten

Reagiere nicht sofort auf Nachrichten, Angriffe oder Fragen.
Zähle innerlich bis drei. Frage dich: Will ich antworten – oder will ich führen?

⚒ 2. Verlangsame deinen Alltag bewusst
Sprich langsamer. Geh langsamer. Entscheide langsamer.
Nicht aus Trägheit – sondern aus Kontrolle.

Wer sich Zeit nimmt, signalisiert: „Ich bestimme den Takt."

⚒ 3. Lerne, Spannung zu ertragen
Schaue einem Menschen in die Augen – und sage nichts.
Warte, bis der andere spricht.
Halte aus, dass es unangenehm wird – und du wirst merken:
Du kontrollierst die Szene.

⚒ 4. Verwende Pausen rhetorisch
In Gesprächen:

vor einer Aussage = Spannung

nach einer Aussage = Wirkung

zwischen zwei Aussagen = Kontrolle

⚒ 5. Handle nicht auf Druck – sondern auf Reife
Frage dich:

Ist der Moment reif?

Oder bin ich getrieben?

Nur eine dieser beiden Varianten wird dir Respekt
bringen.

⚒ 6. Beobachte die Körpersprache anderer
Derjenige, der zappelt, wippt, unterbricht oder
ständig redet – hat das Timing verloren.
Lerne daraus: Die Ruhe liegt nicht in der Stimme,
sondern im Nervensystem.

IV. Gefahr & Grenze: Wann Geduld zur Schwäche wird
Nicht jedes Warten ist strategisch.
Es gibt einen schmalen Grat zwischen:

Strategischer Geduld	Zögerlicher Vermeidung
aktive Beobachtung	passive Hoffnung
Kontrolle des Moments	Verlust von Momenten
souveräne Verzögerung	verdeckte Angst

Geduld bedeutet nicht Stillstand.
Sie bedeutet: Handlungsbereitschaft – aber nur zum
richtigen Zeitpunkt.

V. Fazit: Wer den Takt kontrolliert, beherrscht das
Spiel – auch ohne den ersten Zug
In jeder sozialen Dynamik, jedem Machtspiel, jeder
Beziehung gilt:
Derjenige, der den Takt vorgibt – gibt den Ton an.

Timing ist mehr als Planung.
Es ist Kunst. Präsenz. Regie.
Es ist der Unterschied zwischen Wirkung – und
Bedeutungslosigkeit.

„Ein König läuft nicht – er wird erwartet."
„Ein Stratege drängt nicht – er entscheidet, wann
andere zittern."
„Ein Meister spricht nicht früher – sondern später.
Und deshalb hören alle zu."

Möchtest du daraus ein Modell für:

Leadership-Trainings

Psychologische Beratung

Kommunikation im Beruf
entwickeln?

Der unsichtbare Sieg – Wenn Rückzug zur
Überlegenheit wird
Der Moment des bewussten Verzichts ist kein
Moment der Schwäche – er ist ein Statement. Du sagst
damit nicht: „Ich konnte es nicht haben", sondern: „Ich
wähle, es nicht mehr zu wollen." Diese subtile Umkehr
ist es, die dir eine überlegene Position verschafft.
Denn viele leben reaktiv – sie jagen, verteidigen,
erklären sich. Wer jedoch seine Aufmerksamkeit
bewusst abzieht, handelt nicht mehr aus
Bedürftigkeit, sondern aus Autorität.

Du wirst zum Subjekt in einer Welt, in der viele Objekte ihrer eigenen Begierden sind.

Die drei Ebenen des strategischen Verzichts
1. Emotionale Ebene – die innere Unabhängigkeit
Was du innerlich loslässt, verliert seine emotionale Macht. Ein abgelehnter Mensch, ein verpasstes Ziel oder eine herabsetzende Bemerkung kann nur dann Einfluss haben, wenn du innerlich daran festhältst. Indem du dich entkoppelst, kehrst du zurück zu deiner Quelle – zu dem Punkt, an dem du selbst definierst, was dich betrifft.

„Ich entscheide, was Bedeutung hat. Nicht das Ereignis.“

2. Soziale Ebene – die stille Machtdemonstration
Ignorieren ist Kommunikation. Aber auf einer höheren Frequenz. Während andere toben, provozieren, bitten oder klammern, bist du ruhig. Und diese Ruhe wirkt bedrohlich auf jene, die laut sein müssen, um gesehen zu werden. Dein Schweigen ist kein Vakuum – es ist ein Spiegel. Es zeigt deinem Gegenüber: „Ich bin nicht mehr verfügbar – emotional, sozial oder geistig.“

3. Strategische Ebene – das geopferte Spiel für das größere Ganze
Manchmal ist der Verzicht taktisch. Du verzichtest heute, um morgen mehr Spielraum zu gewinnen. Du trittst zurück, um das Feld neu zu ordnen. Du lässt los, um in der Freiheit des Abstandes klarer zu sehen, was

du wirklich brauchst – und was du nur gewollt hast,
um etwas zu kompensieren.

„Ein König, der nicht auf jede Schlacht antwortet,
gewinnt den Krieg."

🪨 Erweiterte Machtbeispiele aus dem Alltag
4. Der Bewerber, der nicht nachfragt
Statt sich klein zu machen nach einer Absage, zeigt er
Präsenz durch Weitermachen. Er schreibt keine Mail
mit „Haben Sie meine Bewerbung erhalten?" –
sondern wird ein halbes Jahr später eingeladen, weil
sein Profil plötzlich wieder ins Licht fällt. Warum?
Weil seine Haltung Respekt ausstrahlte. Nicht
Bedürfnis.

5. Die Führungskraft, die keine Verteidigung braucht
In einem Meeting wird sie kritisiert – subtil, aber mit
spitzen Pfeilen. Sie reagiert nicht. Kein Konter. Kein
defensives Argument. Am Ende bedankt sie sich
sachlich und geht. Die anderen merken: Sie hat sich
nicht kleiner machen lassen. Die Kritik wirkt nun
überzogen – nicht die Führungskraft.

🧱 Baue eine Festung aus innerer Ruhe
Verzicht ist keine Mauer, sondern eine Burg. Du
wählst, wer hineindarf. Du wählst, worauf du
antwortest. Du wählst, welches Echo du zulässt. Und
gerade weil du nicht auf alles reagierst, entsteht
etwas, das kaum noch jemand hat: Integrität.

Wer seine Energie streut, wird durchlässig.

Wer seine Energie bündelt, wird unantastbar.

🎇 Unsichtbare Belohnungen des souveränen Verzichts
Du wirst nicht mehr emotional manipulierbar.

Du strahlst mysteriöse Autorität aus.

Du wirst weniger angegriffen – weil du nichts spiegelst.

Du gewinnst Zeit, Energie und Fokus für echte Prioritäten.

📜 Schlussgedanke: Der Mensch, der nicht klammert, ist frei
Am Ende ist der größte Ausdruck von Macht die Fähigkeit, nicht zu brauchen. Wer nichts erzwingen muss, kann alles gestalten. Wer verzichten kann, wirkt übervoll – nicht leer. Denn:

Nicht, was du gewinnst, zeigt deinen Charakter. Sondern das, worauf du verzichten kannst, ohne zu zerbrechen.

„Ich wollte es – aber ich brauche es nicht mehr."
Das ist kein Verlust. Das ist Erwachen.

Denke, was du willst – aber verhalte dich wie andere

(Oder: Tarne deinen inneren Reichtum mit äußerer Angepasstheit)

In einer idealen Welt wäre Individualität ein Statussymbol, Andersdenken ein Gütesiegel und Originalität der schnellste Weg zu Einfluss und Anerkennung. Doch die Realität ist oft das Gegenteil: Je klarer du dich vom Mittelmaß abhebst, desto stärker schlägt dir Misstrauen, Spott oder subtiler Widerstand entgegen. Nicht, weil du falsch liegst – sondern weil du andere erinnerst, dass sie sich selbst vergessen haben.

Deshalb gilt: Behalte dein Feuer – aber trag keine Fackel durch die Menge.
Sei innerlich kühn, geistreich, visionär – doch nach außen: kompatibel, ruhig, taktisch. Das ist keine Selbstverleugnung. Das ist psychologische Kriegsführung im Mantel der Höflichkeit. Es ist die hohe Kunst, dein wahres Kapital dort zu investieren, wo es sich auszahlt – nicht dort, wo es verschwendet wird.

🪨 Warum die Masse das Ungewohnte ablehnt

Emotionale Stabilität durch ÄhnlichkeitMenschen suchen Harmonie – nicht Wahrheit. Wer sich zu sehr unterscheidet, stört den Gleichklang. Und Störung wird oft nicht als Einladung, sondern als Angriff empfunden. Neue Denkweisen destabilisieren das vertraute Weltbild.

Konformität als ÜberlebensstrategieSoziale Gruppen funktionieren durch implizite Regeln. Wer diese Regeln sichtbar bricht, wird zur Bedrohung. Der kollektive Impuls ist nicht Verständnis, sondern Ausgrenzung. Das Fremde wird nicht zuerst geprüft – es wird instinktiv abgelehnt.

Das ungesagte Urteil: „Wer anders ist, hält sich für etwas Besseres"Deine Eigenständigkeit wird oft als stiller Vorwurf empfunden. Nicht, weil du ihn aussprichst – sondern weil andere sich ertappt fühlen. Dein Fortschritt stellt ihre Ausreden in Frage.

Kognitive FaulheitNeues Denken erfordert Energie. Die meisten Menschen möchten nicht umlernen – sie möchten bestätigt werden. Wer hingegen zum Denken zwingt, provoziert Widerstand.

⚠ Die Realität: Erst wirst du belächelt – dann bewundert

Bahnbrechende Ideen, außergewöhnliches Denken, disziplinierter Lebensstil – sie provozieren, solange sie noch keinen Beweis geliefert haben. Doch sobald Erfolge sichtbar werden, ändert sich der Ton. Dann sagen dieselben Leute, die dich belächelt haben: „Ich habe es immer gewusst."

Deshalb: Sprich erst, wenn du nicht mehr zu überhören bist. Wirke klein, solange du wächst – und groß, wenn du nicht mehr zu übersehen bist.

„Wer keimt, braucht Schutz. Wer blüht, braucht Licht."

🔍 Beispiel: Persönlichkeitsentwicklung im falschen Umfeld

Du liest Seneca, meditierst, trainierst, arbeitest an deinen Zielen. Und dann sitzt du in einer Runde, in der Small Talk das höchste der Gefühle ist. Du erzählst von deinen Routinen – und erntest Lacher oder halb spöttische Kommentare:

„Oh, du bist jetzt also so ein Selbstoptimierer?"

„Meditation? Klingt nach Sekte."

Das Problem liegt nicht bei dir. Dein Fortschritt ist eine Provokation für ihr Stillstehen. Deshalb:

Bewahre deine Tiefe – aber schütze sie vor flachen Blicken.

Noch besser: Nutze Ironie, Leichtigkeit und Humor als Tarnkappe. Sag nicht: „Ich trainiere mentale Resilienz." Sag: „Ich tu nur so, als wär ich diszipliniert." – und mach trotzdem weiter.

🥷 Strategien der äußeren Tarnung bei innerer Klarheit

 1. Selektive Offenheit

Nicht jeder ist reif für deine Gedanken. Wähle mit Bedacht, wann du teilst – und mit wem.

Beim Geschäftsessen: Sprich über Erfolge, nicht über innere Zweifel.

In konservativen Kreisen: Zeige Ergebnisse, keine Methoden.

Auf Social Media: Teile inspirierende Resultate – nicht den Weg, den niemand versteht.

🐺 2. Unsichtbar bis unübersehbar

Verzichte auf den Wunsch, sofort verstanden zu werden. Lass deine Ergebnisse sprechen – nicht deine Theorien. Wenn du sichtbar wirst, dann so, dass niemand mehr an dir vorbeikommt.

Geh in die Tiefe, wenn du allein bist – geh in die Breite, wenn du beobachtet wirst.

🎭 3. Äußere Tarnung – innere Freiheit

Passe dich sprachlich, optisch, sozial dem Umfeld an – aber gib deinem inneren Leben Raum und Reichtum.

Im Sportverein musst du keine Philosophie erklären.

Auf der Arbeit musst du nicht über deine spirituelle Reise sprechen.

Beim Abendessen mit Verwandten kannst du lächeln – während du innerlich Welten bewegst.

Nicht aus Feigheit – aus Eleganz.

4. Nutze Archetypen, nicht Exzentrik

Verkörpere Rollen, die anerkannt sind – und fülle sie mit Tiefe. Sei der kluge Kollege, der stille Macher, die ruhige Kraft. So bist du Teil des Systems – und formst es von innen.

🔧 Taktiken für den Alltag

Sprich einfach – denke komplexSprich in der Sprache der Umgebung, aber halte deine Denkmuster auf Hochleistung. Vereinfachung ist kein Verlust – sondern Strategie.

Tarn deine Ambitionen mit DemutÜberrasche durch Ergebnisse – nicht durch große Ankündigungen. Wer nichts verspricht, kann alles liefern.

Fördere Irritation – ohne dich zu entblößenStelle einfache Fragen, die andere ins Grübeln bringen. So pflanzt du Gedanken, ohne dich angreifbar zu machen. Beispiel:

„Denkst du, das war schon alles?"

„Glaubst du, es geht auch anders?"

🧭 Fazit: Sei dein eigener Kompass

Innerlich unabhängig, äußerlich unscheinbar – das ist nicht Heuchelei. Es ist ein Schild. Solange du denkst, wie ein König, musst du nicht wie einer auftreten. Solange du weißt, wohin du willst, darfst du andere glauben lassen, du seist nur ein Wanderer.

Denn Macht ist nicht laut. Und Freiheit trägt manchmal Anzug und Krawatte. Manchmal sagt der Weise nichts – weil er zuhört, nicht weil er schweigt. Und manchmal trägt der stärkste Wille das unauffälligste Gesicht.

„Tiefgründigkeit verlangt keine Bühne – sie schafft sie sich, wenn die Zeit reif ist."

Denke, was du willst – aber verhalte dich wie andere

(Oder: Tarne deinen inneren Reichtum mit äußerer Angepasstheit)

In einer idealen Welt wäre Individualität ein Statussymbol, Andersdenken ein Gütesiegel und Originalität der schnellste Weg zu Einfluss und Anerkennung. Doch die Realität ist oft das Gegenteil: Je klarer du dich vom Mittelmaß abhebst, desto stärker schlägt dir Misstrauen, Spott oder subtiler Widerstand entgegen. Nicht, weil du falsch liegst – sondern weil du andere erinnerst, dass sie sich selbst vergessen haben.

Deshalb gilt: Behalte dein Feuer – aber trag keine Fackel durch die Menge. Sei innerlich kühn, geistreich, visionär – doch nach außen: kompatibel, ruhig, taktisch. Das ist keine Selbstverleugnung. Das ist psychologische Kriegsführung im Mantel der Höflichkeit. Es ist die hohe Kunst, dein wahres Kapital dort zu investieren, wo es sich auszahlt – nicht dort, wo es verschwendet wird.

☁ Warum die Masse das Ungewohnte ablehnt

Emotionale Stabilität durch ÄhnlichkeitMenschen suchen Harmonie – nicht Wahrheit. Wer sich zu sehr unterscheidet, stört den Gleichklang. Und Störung wird oft nicht als Einladung, sondern als Angriff empfunden. Neue Denkweisen destabilisieren das vertraute Weltbild.

Konformität als ÜberlebensstrategieSoziale Gruppen funktionieren durch implizite Regeln. Wer diese Regeln sichtbar bricht, wird zur Bedrohung. Der kollektive Impuls ist nicht Verständnis, sondern Ausgrenzung. Das Fremde wird nicht zuerst geprüft – es wird instinktiv abgelehnt.

Das ungesagte Urteil: „Wer anders ist, hält sich für etwas Besseres"Deine Eigenständigkeit wird oft als stiller Vorwurf empfunden. Nicht, weil du ihn aussprichst – sondern weil andere sich ertappt fühlen. Dein Fortschritt stellt ihre Ausreden in Frage.

Kognitive FaulheitNeues Denken erfordert Energie. Die meisten Menschen möchten nicht umlernen – sie möchten bestätigt werden. Wer hingegen zum Denken zwingt, provoziert Widerstand.

⚠️ Die Realität: Erst wirst du belächelt – dann bewundert

Bahnbrechende Ideen, außergewöhnliches Denken, disziplinierter Lebensstil – sie provozieren, solange sie noch keinen Beweis geliefert haben. Doch sobald Erfolge sichtbar werden, ändert sich der Ton. Dann sagen dieselben Leute, die dich belächelt haben: „Ich habe es immer gewusst."

Deshalb: Sprich erst, wenn du nicht mehr zu überhören bist. Wirke klein, solange du wächst – und groß, wenn du nicht mehr zu übersehen bist.

„Wer keimt, braucht Schutz. Wer blüht, braucht Licht."

🔍 Beispiel: Persönlichkeitsentwicklung im falschen Umfeld

Du liest Seneca, meditierst, trainierst, arbeitest an deinen Zielen. Und dann sitzt du in einer Runde, in der Small Talk das höchste der Gefühle ist. Du erzählst von deinen Routinen – und erntest Lacher oder halb spöttische Kommentare:

„Oh, du bist jetzt also so ein Selbstoptimierer?"

„Meditation? Klingt nach Sekte."

Das Problem liegt nicht bei dir. Dein Fortschritt ist eine Provokation für ihr Stillstehen. Deshalb:

Bewahre deine Tiefe – aber schütze sie vor flachen Blicken.

Noch besser: Nutze Ironie, Leichtigkeit und Humor als Tarnkappe. Sag nicht: „Ich trainiere mentale Resilienz." Sag: „Ich tu nur so, als wär ich diszipliniert." – und mach trotzdem weiter.

🕵️ Strategien der äußeren Tarnung bei innerer Klarheit

 1. Selektive Offenheit

Nicht jeder ist reif für deine Gedanken. Wähle mit Bedacht, wann du teilst – und mit wem.

Beim Geschäftsessen: Sprich über Erfolge, nicht über innere Zweifel.

In konservativen Kreisen: Zeige Ergebnisse, keine Methoden.

Auf Social Media: Teile inspirierende Resultate – nicht den Weg, den niemand versteht.

🐺 2. Unsichtbar bis unübersehbar

Verzichte auf den Wunsch, sofort verstanden zu werden. Lass deine Ergebnisse sprechen – nicht deine Theorien. Wenn du sichtbar wirst, dann so, dass niemand mehr an dir vorbeikommt.

Geh in die Tiefe, wenn du allein bist – geh in die
Breite, wenn du beobachtet wirst.

🎭 3. Äußere Tarnung – innere Freiheit

Passe dich sprachlich, optisch, sozial dem Umfeld an –
aber gib deinem inneren Leben Raum und Reichtum.

Im Sportverein musst du keine Philosophie erklären.

Auf der Arbeit musst du nicht über deine spirituelle
Reise sprechen.

Beim Abendessen mit Verwandten kannst du lächeln
– während du innerlich Welten bewegst.

Nicht aus Feigheit – aus Eleganz.

4. Nutze Archetypen, nicht Exzentrik

Verkörpere Rollen, die anerkannt sind – und fülle sie
mit Tiefe. Sei der kluge Kollege, der stille Macher, die
ruhige Kraft. So bist du Teil des Systems – und formst
es von innen.

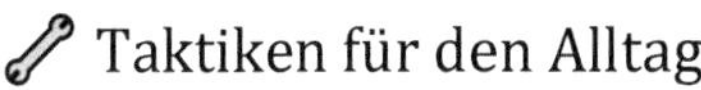 Taktiken für den Alltag

Sprich einfach – denke komplexSprich in der Sprache
der Umgebung, aber halte deine Denkmuster auf
Hochleistung. Vereinfachung ist kein Verlust –
sondern Strategie.

Tarn deine Ambitionen mit DemutÜberrasche durch
Ergebnisse – nicht durch große Ankündigungen. Wer
nichts verspricht, kann alles liefern.

Fördere Irritation – ohne dich zu entblößenStelle
einfache Fragen, die andere ins Grübeln bringen. So
pflanzt du Gedanken, ohne dich angreifbar zu machen.
Beispiel:

„Denkst du, das war schon alles?"

„Glaubst du, es geht auch anders?"

Platziere gezielte Provokationen – mit Pokerface

Eine spitze Bemerkung, in neutralem Tonfall.

Ein ironisches Lächeln nach einer Kritik.

Eine plötzliche Pause im Gespräch – ohne Erklärung.

Die Kunst besteht darin, nur so viel Reibung zu
erzeugen, dass dein Gegenüber aus dem
Gleichgewicht gerät – ohne zu begreifen, warum.
Nicht übertreiben. Nicht erklären. Nur irritieren.

Bleib ruhig – vor allem, wenn andere laut werdenWer
schreit, wirkt hilflos. Wer ruhig bleibt, wirkt
überlegend. Inmitten von Emotion wird Gelassenheit
zur stärksten Provokation. Deine Ruhe ist ein Spiegel
– und je heftiger der andere reagiert, desto klarer
zeigt er sich selbst.

⚠ Grenzen und Risiken

Diese Prinzipien sind keine Lizenz zur Manipulation um der Manipulation willen. Sie sind Werkzeuge zur Selbstverteidigung, zur psychologischen Kontrolle in feindlichen Umfeldern, zur Wahrung deiner Integrität.

Wer zu oft Wellen schlägt, riskiert selbst den Überblick. Wer nur noch tarnt, vergisst sich irgendwann selbst.

Nutze die Taktik – aber verliere nie das Ziel: Freiheit im Denken, Würde im Handeln.

🧭 Fazit: Sei dein eigener Kompass

Innerlich unabhängig, äußerlich unscheinbar – das ist nicht Heuchelei. Es ist ein Schild. Solange du denkst, wie ein König, musst du nicht wie einer auftreten. Solange du weißt, wohin du willst, darfst du andere glauben lassen, du seist nur ein Wanderer.

Denn Macht ist nicht laut. Und Freiheit trägt manchmal Anzug und Krawatte. Manchmal sagt der Weise nichts – weil er zuhört, nicht weil er schweigt. Und manchmal trägt der stärkste Wille das unauffälligste Gesicht.

„Tiefgründigkeit verlangt keine Bühne – sie schafft sie sich, wenn die Zeit reif ist.“

—

**Das scheinbar „kostenlose" Coaching – eine
Einladung in die Abhängigkeit
In der Welt des Coachings, Mentorings und der
Persönlichkeitsentwicklung begegnet einem
immer wieder ein attraktives Angebot: das
„kostenlose Erstgespräch". Es wird präsentiert als
Gelegenheit, dich kennenzulernen, erste Impulse
zu geben und herauszufinden, ob eine
Zusammenarbeit sinnvoll ist. Klingt harmlos.
Sogar hilfsbereit. Doch in vielen Fällen steckt
hinter dieser Fassade eine tiefere,
unausgesprochene Strategie.**

**Was in diesem Gespräch wirklich geschieht, ist oft
subtil, aber wirkungsvoll:
Der Coach analysiert deine Situation, benennt
deine Herausforderungen, identifiziert
Schwächen – und beginnt damit, eine emotionale
Abhängigkeit aufzubauen. Er vermittelt dir das
Gefühl, dass deine Probleme zwar lösbar sind,
aber eben nur mit seiner Hilfe. Und plötzlich
spürst du: Allein kommst du hier nicht weiter.**

**Das Gespräch wird zum Spiegel, der dich nicht nur
zeigt, wie du bist, sondern auch, wie wenig du –
vermeintlich – ohne diesen Coach schaffen wirst.
Du wirst kleiner gemacht, ohne dass es offen
ausgesprochen wird. Dein Selbstvertrauen
schrumpft, während der Coach als Retter
erscheint.**

Diese Dynamik ist kein Zufall. Sie ist oft bewusst inszeniert – nicht immer aus böser Absicht, aber fast immer mit einem Ziel: dich zu binden.

Das psychologische Ergebnis: Schuld und Verpflichtung
Obwohl du kein Geld bezahlt hast, entsteht eine emotionale Schuld. Du hast Zeit investiert, Aufmerksamkeit bekommen, vielleicht sogar ein „Mini-Coaching" erhalten – und nun hast du das Gefühl, in der Bringschuld zu stehen. „Er hat sich Zeit für mich genommen, ich kann ihn jetzt nicht einfach ablehnen."

Das ist der Moment, in dem viele Menschen sich entscheiden, ein Coaching-Paket zu buchen – nicht aus strategischer Klarheit, sondern aus emotionalem Druck. Sie sagen Ja, obwohl sie innerlich zögern. Sie übernehmen die Denkweise des Coaches, obwohl sie nicht völlig überzeugt sind. Sie begeben sich in eine Beziehung, in der sie nie wirklich die Kontrolle hatten.

Was sich ändert, wenn du zahlst
Sobald du für eine Leistung bezahlst – klar, transparent, mit einem vereinbarten Preis – verändert sich die gesamte Beziehung:

Du bist der Auftraggeber, nicht der Bedürftige.

Du definierst den Rahmen, nicht der Coach.

Du kaufst Expertise – keine emotionale Bindung.

Du bist kein Bittsteller mehr, sondern ein souveräner Entscheider, der auf Augenhöhe kommuniziert. Du signalisierst: „Ich erkenne deinen Wert – und bin bereit, dafür zu zahlen. Aber ich behalte meine Unabhängigkeit."

3. Der wohlhabende Freund, der immer zahlt – und dabei die Macht übernimmt
Vielleicht kennst du jemanden in deinem Umfeld, der finanziell gut aufgestellt ist und es sich leisten kann, großzügig zu sein – und es auch regelmäßig tut. Essen gehen? Er zahlt. Kurztrip? Er übernimmt die Kosten. Konzertkarten? Kein Problem – er lädt ein.

Zunächst wirkt das großzügig, charmant, sogar bewundernswert. Doch mit der Zeit verändert sich etwas in der Beziehung. Es entsteht eine unterschwellige Dynamik: Er entscheidet. Du folgst.

Er wählt das Restaurant, bestimmt das Ziel der Reise, entscheidet, wer eingeladen wird. Du wirst zum Mitreisenden in seinem Leben – nicht mehr zum aktiven Gestalter. Du bekommst den Platz auf dem Beifahrersitz – aber das Steuer bleibt in seiner Hand.

Diese Form der Großzügigkeit erzeugt keine echte Nähe – sie schafft ein Abhängigkeitsverhältnis. Und selbst wenn nie darüber gesprochen wird: Du

spürst, dass du mitentscheidest, solange du nichts
zahlst, nur begrenzt.

Die stille Lektion dahinter:
Wer nicht zahlt, verliert auf lange Sicht seine
Stimme.
Wer immer eingeladen wird, verliert irgendwann
das Recht, die Richtung mitzubestimmen.

💎 Die Macht der Großzügigkeit – bewusst und
klug eingesetzt
Großzügigkeit ist keine Einbahnstraße und kein
moralisches Gut an sich – sie ist ein soziales
Werkzeug. Und wie jedes Werkzeug kann sie
heilen oder manipulieren, stärken oder
schwächen. Entscheidend ist: Wer gibt? Warum?
Und mit welcher inneren Haltung?

1. Bezahle freiwillig – und klar sichtbar
Wenn dir jemand eine Leistung, ein Gespräch oder
eine Einladung anbietet – vor allem in beruflichen
Kontexten –, hast du immer die Möglichkeit, dich
souverän zu positionieren:

„Ich bin dir dankbar – aber ich möchte dafür
zahlen. Damit es fair bleibt."

Diese Haltung vermittelt drei zentrale
Botschaften:

Ich bin finanziell und emotional unabhängig.

Ich respektiere deine Zeit und Expertise.

Ich kaufe eine Leistung – keine Gunst.

Du stellst damit sicher, dass eure Beziehung klar und professionell bleibt – ohne versteckte Erwartungen, ohne subtile Schuld, ohne späteres Ungleichgewicht.

🔁 2. Sei selbst großzügig – aber gezielt und aus innerer Fülle
Wahre Großzügigkeit kommt nicht aus einem Mangel oder einem Wunsch nach Anerkennung, sondern aus Überfluss – sei er materiell, emotional oder geistig.

Beispiele für souveräne Großzügigkeit:

Du übernimmst die Rechnung im Restaurant, ohne es zu kommentieren – und ohne stille Erwartung.

Du schenkst jemandem etwas Hochwertiges – nicht, weil du musst, sondern weil du es möchtest.

Du gibst Rat oder Unterstützung, ohne sofortige Gegenleistung – und ohne dich dabei zu überhöhen.

Was dabei geschieht: Menschen spüren den Unterschied zwischen großzügigem Geben und manipulativer Geste. Sie erinnern sich an echte Großzügigkeit – und fühlen sich verbunden, nicht verpflichtet.

Wichtig: Großzügigkeit verliert ihre Kraft, wenn sie mit stillen Erwartungen oder späteren Forderungen verbunden ist. Dann wird sie zur versteckten Währung.

⚖️ **3. Zahle lieber in Geld – als mit emotionaler Schuld**
Es ist leicht, ein Geschenk anzunehmen oder ein kostenloses Angebot zu nutzen. Aber oft bezahlst du später – nicht in Euro, sondern in innerer Freiheit. Du fühlst dich gebunden, schuldig, verpflichtet.

Ein klarer Preis ist ehrlicher als ein versteckter Deal.

Deshalb: Bevor du ein Gratis-Angebot annimmst, frage dich – was kostet es mich wirklich? Nicht in Zahlen, sondern in Einfluss, Freiheit, Selbstachtung?

Geld ist manchmal die fairste, direkteste und gesündeste Form des Ausgleichs.

🧭 **Fazit: Bezahle – um frei zu bleiben**
Wenn du ein kostenloses Angebot ablehnst oder bewusst sagst: „Ich zahle dafür", dann drückst du damit mehr aus als eine wirtschaftliche Entscheidung. Du machst eine Haltung sichtbar – eine Haltung der Selbstachtung, der Klarheit und der strategischen Unabhängigkeit.

„Ich lasse mich nicht kaufen.“
„Ich respektiere deine Arbeit – und meine eigene
Position.“
„Ich treffe Entscheidungen – ich bitte nicht um
Erlaubnis.“

📜 Zum Nachdenken:
„Gratis ist nie wirklich kostenlos – man zahlt mit
Einfluss, Stolz oder Selbstbestimmung.“

„Wer ständig empfängt, wird nie zum Gestalter.“

„Großzügigkeit, wenn sie aus Stärke kommt, ist
kein Zeichen von Schwäche – sie ist königlich.“

Konflikte auflösen, indem man ihre Quelle erkennt –
nicht durch endlosen Streit
In vielen Lebensbereichen – sei es in Organisationen,
Teams, Familien oder gesellschaftlichen Gruppen –
neigen wir dazu, Konflikte durch endlose Gespräche,
Diskussionen und Kompromisssuche lösen zu wollen.
Doch nicht jeder Konflikt lässt sich durch Worte
befrieden. Manche Spannungen wurzeln nicht in
Meinungsverschiedenheiten, sondern in einer
einzelnen Quelle, die den Konflikt am Leben erhält –
manchmal bewusst, manchmal unbewusst.

Und genau hier liegt eine unbequeme, aber
machtvolle Wahrheit:
Manche Konflikte verschwinden nicht durch
Verhandlung, sondern durch Klärung der Struktur.

Und oft genügt es, den einen dominanten Störfaktor zu erkennen und zu entfernen, um das gesamte System zu stabilisieren.

Einflussreiche Persönlichkeiten – ob offen aggressiv oder subtil manipulativ – können als „soziale Brennpunkte" fungieren. Sie bündeln Unzufriedenheit, lenken Aufmerksamkeit auf Defizite und ziehen andere in ihren emotionalen Bann. Entfernt man diese Schlüsselfigur, verflüchtigt sich das Problem oft erstaunlich schnell. Die Dynamik verliert ihre Richtung – wie ein Karussell, dem der Antrieb genommen wurde.

Doch mit dieser Einsicht geht eine hohe Verantwortung einher. Wer so tief in soziale Systeme eingreift, sollte nie aus Rache oder Überheblichkeit handeln. Jede Form von Macht verlangt nach ethischer Reflexion, Weitsicht und Differenzierungsvermögen. Denn nicht jeder Konfliktmacher ist ein Feind – manche sind unbewusste Symptomträger für tiefere Missstände.

„Arbeite mit dem Herzen und Verstand der Menschen – nicht gegen sie"
Eine der wirkungsvollsten, aber zugleich am meisten missverstandenen Prinzipien der zwischenmenschlichen Führung lautet: Zwang ist kurzsichtig – echte Einflussnahme geschieht durch Resonanz.

Menschen lassen sich nicht langfristig durch Druck, Kontrolle oder Angst führen. Wer versucht, Verhalten zu erzwingen, provoziert fast zwangsläufig inneren Widerstand. Diese psychologische Abwehrreaktion ist gut dokumentiert und wird als Reaktanz bezeichnet: Sobald Menschen spüren, dass ihre Freiheit bedroht ist, entsteht ein unbewusster Drang, diese Freiheit um jeden Preis zu verteidigen – selbst wenn das bedeutet, gegen das eigene Interesse zu handeln.

Ein Kind, das man zum Gemüseessen zwingt, verweigert es hartnäckiger.

Ein Mitarbeiter, der mit autoritären Zielvorgaben konfrontiert wird, verliert seine intrinsische Motivation.

Eine Gesellschaft, die unter starker Kontrolle steht, beginnt zu brodeln – und rebelliert nicht trotz, sondern wegen des Drucks.

Wirkliche Führung passiert von innen nach außen Wer nachhaltig Einfluss nehmen will, muss sich von der Illusion verabschieden, Kontrolle durch äußere Befehle sei dauerhaft wirksam. Die wahre Kunst der Einflussnahme besteht darin, mit dem Inneren des Menschen zu arbeiten – seinen Werten, Bedürfnissen, Ängsten und Sehnsüchten. Nicht durch Zwang, sondern durch Resonanz.

Das bedeutet:

Erkennen, was ihn wirklich antreibt

Verstehen, wovor er sich fürchtet

Anknüpfen an das, was ihn tief im Innersten bewegt

Formulieren einer Vision, die ihn freiwillig in
Bewegung setzt

Führen heißt nicht befehlen. Führen heißt: so denken,
fühlen und kommunizieren, dass sich der andere
freiwillig bewegt – weil er in dir keinen Zwinger,
sondern einen Spiegel sieht.

Beispiele wirksamer Einflussnahme durch emotionale
Intelligenz
Napoleon Bonaparte – Der Mythos als Treibstoff

Napoleon zwang seine Soldaten nicht zum Kämpfen –
er entfachte in ihnen das Gefühl, Teil eines größeren
Mythos zu sein. Er sprach von Ruhm, Ehre und
historischem Vermächtnis. Er appellierte nicht an
Pflicht, sondern an die tiefe menschliche Sehnsucht
nach Unsterblichkeit im Gedächtnis der Geschichte.
Seine Armee folgte ihm nicht blind – sie folgte ihm
begeistert.

Steve Jobs – Vision statt Vorschrift

Jobs war kein einfacher Chef. Aber er verstand es,
seine Mitarbeiter emotional zu erreichen. Er zwang
niemanden zur Innovation – er entfachte eine Vision,
die so inspirierend war, dass man ihr folgen wollte.
Durch klare Botschaften und eine starke emotionale
Bühne führte er Menschen nicht durch Macht,
sondern durch Sog.

Martin Luther King – Der Traum als Antrieb

King überzeugte nicht durch Strategie, sondern durch Hoffnung. Er sprach nicht von politischen Forderungen, sondern von einer Welt, die Menschen sich insgeheim wünschten. Seine „I have a dream"-Rede war keine Anleitung zum Widerstand – sie war ein emotionaler Weckruf an die besten Seiten des menschlichen Geistes.

Der empathische Verhandler – Wandel durch Spiegelung

Ein kluger Manager erkennt, dass echte Veränderung nicht durch Anweisung gelingt, sondern durch Gespräch. Er hört zu, fragt, versteht. Dann formuliert er seine Idee nicht als fremden Plan, sondern als Lösung für die eigenen Probleme seiner Mitarbeiter. Und plötzlich entsteht Bewegung – nicht durch Druck, sondern durch Identifikation.

Wie du Einfluss nehmen kannst – ohne zu manipulieren
Beobachte aufmerksam – mehr als Worte

Die wahren Motive eines Menschen offenbaren sich selten in dem, was er sagt. Achte auf Körpersprache, Pausen, Blickverhalten. Frage dich: Was bewegt ihn wirklich?

Stelle kluge Fragen – statt Anweisungen zu geben

Fragen öffnen Räume. Wer fragt, gibt dem anderen das Gefühl von Autonomie. Ein „Was brauchen Sie, um…?" bewirkt mehr als ein „Tu das jetzt!"

Nutze Geschichten – statt Vorschriften

Menschen lieben Geschichten, in denen sie selbst Helden sein dürfen. Erkläre deine Idee als Reise, nicht als Regelwerk.

Sprich in ihrer Sprache – nicht in deiner

Wenn du jemanden erreichen willst, sprich in Bildern, Symbolen und Begriffen, die in seiner Lebenswelt verankert sind. Nur so entsteht Verbindung.

Verknüpfe Ziele – statt Interessen durchzusetzen

Wenn dein Gegenüber spürt, dass dein Ziel auch sein Vorteil ist, wird er dir folgen – aus eigenem Antrieb. Gemeinsame Interessen sind der stärkste Motor für freiwillige Bewegung.

Fazit: Wahre Macht beruht nicht auf Kontrolle – sondern auf Verstehen
Menschen lassen sich nicht dauerhaft zwingen. Aber sie lassen sich inspirieren, bewegen, begleiten – wenn du bereit bist, ihnen mit echtem Interesse zu begegnen.

Echte Einflussnahme bedeutet nicht, Menschen zu überreden. Es bedeutet, sie so gut zu verstehen, dass sie beginnen, aus eigener Überzeugung in deine

Richtung zu gehen. Nicht aus Angst. Nicht aus
Gehorsam. Sondern, weil sie sich selbst in deinem
Anliegen wiedererkennen.

Denn:

„Menschen lassen sich nicht schieben – sie wollen
gezogen werden. Und gezogen werden sie durch das,
was ihr Herz berührt."

„Halte anderen den Spiegel vor" – Die stille Kunst,
Menschen mit sich selbst zu konfrontieren
In der feinen Kunst der Einflussnahme – ob im
persönlichen, beruflichen oder gesellschaftlichen
Raum – gibt es ein Prinzip, das kaum Lärm macht und
dennoch messerscharf wirkt: die Spiegeltechnik.
Wer diese Kunst beherrscht, braucht keine Anklagen,
keine Drohungen, keine Machtspiele. Er setzt auf
etwas viel Fundamentaleres: auf das psychologische
Unbehagen, das entsteht, wenn Menschen sich selbst
erkennen – und dabei nicht gefallen.

Was bedeutet Spiegeln – jenseits der Oberfläche?
Spiegeln ist keine bloße Nachahmung. Es ist kein
albernes Wiederholen von Gesten oder das Kopieren
von Worten. Es ist ein strategischer Akt der Klarheit:
Du hältst deinem Gegenüber ein Verhalten hin, das er
selbst zeigt – in leicht veränderter, oft zugespitzter
Form – und zwingst ihn dadurch zur Reflexion.

Es geht nicht um Konfrontation. Es geht darum, dass der andere sich selbst nicht mehr ausweichen kann.

Das kann auf vielfältige Weise geschehen:

Ein aggressiver Mensch wird mit sachlich-kühler Gegenaggression konfrontiert – nicht aus Rache, sondern als Spiegel seiner Wirkung.

Ein arrogantes Auftreten wird durch überzogene Überheblichkeit gespiegelt – bis es zur Karikatur wird.

Eine Ausrede wird so übertrieben zurückgegeben, dass ihre Lächerlichkeit sichtbar wird.

Eine manipulative Taktik wird durch identische Gegentaktik unterlaufen – sodass der Manipulierende sich selbst gegenübersteht.

Der eigentliche Effekt tritt nicht durch das, was gesagt wird, sondern wie es gespiegelt wird, ein. Denn Menschen erkennen sich in ihrem Gegenüber wieder – oft zum ersten Mal auf schmerzhafte Weise.

Warum Spiegeln so machtvoll ist: Psychologische Wirkmechanismen
1. Störung des Selbstbilds
Jeder Mensch trägt ein inneres Bild von sich: „So bin ich." Wenn dieses Bild durch gespiegelt wirkendes Verhalten ins Wanken gerät, entsteht ein kognitiver Konflikt. Der andere erkennt: „So wirke ich auf

andere." Diese Diskrepanz erzeugt emotionalen Druck – und zwingt zur Anpassung.

2. Verlust der Kontrolle
Besonders Menschen, die gerne manipulieren oder dominieren, verlieren beim Spiegeln ihren strategischen Vorteil. Ihre gewohnten Muster funktionieren nicht mehr – sie werden aus ihrer gewohnten Rolle geworfen. Wer sich selbst begegnet, verliert oft die Kontrolle über das eigene Spiel.

3. Erzwungene Selbsterkenntnis
Viele Menschen vermeiden Selbstreflexion – bewusst oder unbewusst. Spiegelung bricht diese Vermeidung. Sie konfrontiert, ohne zu beschuldigen. Und genau deshalb ist sie schwer abzuwehren. Denn sie macht sichtbar, was im Innern längst brodelt, aber nicht ausgesprochen wurde.

4. Verletzter Stolz
Wer andere spiegelt, kratzt oft an deren Selbstwert – besonders bei narzisstisch geprägten Persönlichkeiten. Sie erleben das Spiegelbild als Angriff auf ihr Ego, weil es ihnen ihre Schattenseiten zeigt. Der Reflex ist häufig überzogene Wut – ein Zeichen, dass der Spiegel getroffen hat.

Historische, kulturelle und alltägliche Beispiele für den Spiegeleffekt
1. Sokrates – der Meister der Spiegel-Fragen
Sokrates konfrontierte seine Gesprächspartner nicht mit Meinungen, sondern mit Fragen. Und je weiter das Gespräch fortschritt, desto mehr zeigte er ihnen ihre

eigenen Widersprüche – rein durch gezielte
Rückfragen. Am Ende stand kein Streit, sondern das
entlarvte Selbstbild des anderen.
Der berühmteste aller Philosophen kämpfte nicht mit
dem Schwert – sondern mit dem Spiegel der Logik.

2. Mahatma Gandhi – Gewaltfreiheit als moralischer
Spiegel
Als Gandhi der brutalen Unterdrückung durch das
britische Empire begegnete, entschied er sich nicht
für Gegengewalt, sondern für gewaltlosen
Widerstand. Seine Sanftheit spiegelte die Härte der
Kolonialherren – so deutlich, dass selbst neutrale
Beobachter erschraken.
Die brutale Reaktion der Briten auf friedliche Proteste
entlarvte deren wahre Haltung – durch den Kontrast
wurde ihr Unrecht sichtbar.

3. Politische Satire – Spiegelung durch Übertreibung
Satire lebt von Spiegelung. Ob in Talkshows,
Karikaturen oder politischen Kabaretts – hier werden
Aussagen und Verhaltensweisen von
Entscheidungsträgern überzeichnet dargestellt. Und
gerade weil sie überzogen sind, zeigen sie die
Absurdität der Realität.
Ein Satz wie: „Das wurde aus dem Kontext gerissen!“
ist meist das Eingeständnis, dass der Spiegel zu genau
war.

4. Psychotherapie – Spiegeln als Methode zur
Selbsterkenntnis
In vielen therapeutischen Ansätzen wird gezielt mit
Spiegelung gearbeitet. Der Therapeut spiegelt

Emotionen, Haltungen oder sprachliche Muster des Klienten. Dadurch erkennt dieser oft erstmals seine inneren Mechanismen – ohne belehrt oder kritisiert zu werden.
Der Spiegel wirkt nicht durch Konfrontation, sondern durch Wiederholung – und das macht ihn so wirkungsvoll.

5. Alltag: Spiegelung als stille Strategie
Im Berufsleben, in Familien oder Partnerschaften gibt es zahlreiche Situationen, in denen Spiegeln Klarheit schafft. Etwa:

Ein Kollege, der ständig unterbricht, wird selbst konsequent unterbrochen – und merkt es plötzlich.

Ein Mensch, der ständig ironisch spricht, wird mit gezielter Gegenironie konfrontiert – und beginnt, sich zu hinterfragen.

Eine Führungskraft, die ihre Mitarbeitenden manipuliert, wird selbst subtil manipuliert – und erkennt die Fragilität ihrer Position.

Wie du Spiegeln klug und verantwortungsvoll einsetzt
1. Kenntnis des Gegenübers
Nicht jeder erkennt sich im Spiegel. Spiegeln funktioniert nur, wenn dein Gegenüber zumindest ein Mindestmaß an Selbstwahrnehmung besitzt. Andernfalls kann es als Spott oder Angriff empfunden werden.

2. Dosierte Überzeichnung

Oft hilft es, das Verhalten leicht zu übertreiben – nicht ins Lächerliche, sondern so weit, dass es eindeutig wird. Der andere soll sich wiedererkennen – nicht bloß unterhalten fühlen.

3. Emotionaler Abstand
Spiegelung verlangt kühle Klarheit. Sobald du emotional wirst – etwa aus Wut oder Trotz –, verliert der Spiegel seine Wirkung. Er wird zur Waffe, nicht zum Werkzeug.

4. Wirkung beobachten
Spiegeln kann starke Reaktionen auslösen – von Selbsterkenntnis bis zu Wut. Beobachte, wie dein Gegenüber reagiert, und halte den Spiegel nur so lange hoch, wie er wirkt. Danach: loslassen.

5. Nutze den Spiegel als Wendepunkt, nicht als Dauerzustand
Spiegelung ist ein Impuls – keine Lebenshaltung. Sie dient der Klärung, nicht der Dauerprovokation. Wer ständig spiegelt, wird selbst zum verzerrten Bild.

Fazit: Der Spiegel – das stärkste Mittel, ohne anzugreifen
Die Spiegeltechnik ist kein Werkzeug der Lauten, sondern der Klugen. Sie wirkt leise, aber tief. Sie zwingt niemanden – sie entlarvt. Und genau das macht sie so machtvoll.

Denn am Ende fürchten sich viele Menschen nicht vor dem Urteil anderer – sondern davor, sich selbst im Licht der Wahrheit zu sehen.

„Der Spiegel ist nicht dein Schwert – aber wenn du ihn richtig hältst, trifft er schärfer als jede Waffe."

Verwende ihn mit Respekt, mit Präzision – und vor allem: mit Absicht.

Bewusst unperfekt – die kluge Strategie hinter gezielter Menschlichkeit
In einer Leistungsgesellschaft, die Effizienz, Perfektion und Selbstoptimierung geradezu religiös verehrt, wirkt Unvollkommenheit wie ein Tabubruch – und zugleich wie eine stille Rebellion. Doch wer soziale Dynamiken und Machtspiele versteht, weiß: Wer sich strategisch unperfekt zeigt, beweist nicht Schwäche – sondern Souveränität.

Nicht das Glatte beeindruckt auf Dauer, sondern das Echte. Menschen vertrauen nicht denen, die nie Fehler machen, sondern denen, die sie nicht verbergen müssen.

Sich unperfekt zu zeigen bedeutet nicht, inkompetent zu wirken. Es bedeutet, sich als Mensch zu präsentieren – nicht als Maschine. Und das macht den Unterschied zwischen bloßer Bewunderung und echter Bindung.

1. Kleine Schwächen zeigen – aber mit Bedacht und Wirkung
Unperfektheit beginnt bei der Kunst, kleine Schwächen zuzulassen – bewusst gewählt, wohl

dosiert und authentisch platziert. Es geht dabei nicht um Selbsterniedrigung, sondern um emotionales Gleichgewicht: Du nimmst dich selbst ernst – aber nicht zu ernst.

✅ Gut geeignet:
„Ich habe ein ziemlich chaotisches E-Mail-System – trotzdem kommen alle Projekte rechtzeitig ins Ziel."

„Ich spreche auf der Bühne – aber innerlich bin ich jedes Mal nervös."

„Excel-Tabellen rauben mir regelmäßig den letzten Nerv – ich beneide Leute, die das lieben."

🚫 Nicht geeignet:
„Ich hasse Menschen." (Zynisch)

„Ich kann gar nichts richtig." (Selbstmitleidig)

„Ich bin einfach zu intelligent für die meisten." (Getarnte Arroganz)

Warum das funktioniert:
Solche harmlosen Schwächen erzeugen keine Angriffsfläche – sie öffnen Türen. Sie zeigen, dass du nicht perfekt bist, aber reflektiert. Und genau diese Mischung macht dich sympathisch und glaubwürdig.

2. Andere in den Vordergrund stellen – echte Größe durch Demut

Wer glänzt, zieht Aufmerksamkeit auf sich. Doch wer anderen Raum gibt zu glänzen, strahlt nachhaltiger – ohne zu blenden. Diese Fähigkeit, Anerkennung weiterzugeben, ist ein Zeichen strategischer Reife.

Wirkungsvolle Szenarien:
In einem Team-Meeting: „Die Idee kam ursprünglich von Sophie – ich habe sie nur aufgegriffen."

In der Presse: „Erfolg ist selten Einzelleistung. Ich hatte das Glück, von großartigen Leuten umgeben zu sein."

Im Bewerbungsgespräch eines Kollegen: „Ich habe viel von ihm gelernt – und bin sicher, er wird auch Ihnen Impulse geben."

Effekt:
Du wirkst weder unterwürfig noch überheblich. Du beweist Souveränität durch Bescheidenheit. In Gruppenprozessen entsteht Vertrauen, weil du nicht als Konkurrenz, sondern als integrativer Faktor wahrgenommen wirst.

3. Humor und Selbstironie – entwaffnende Kraft auf Augenhöhe
Selbstironie ist nicht Selbstabwertung. Sie ist die Fähigkeit, sich mit einem Augenzwinkern zu betrachten – und damit anderen zu signalisieren: „Ich bin wie du – ich mache Fehler, ich lache über mich, ich bin nicht unantastbar."

Anwendungsbeispiele:

„Ich hab mir extra einen Reminder gesetzt, pünktlich
zu sein – und dann stand ich vor dem falschen
Gebäude."

„Meine Excel-Tabelle sieht aus wie moderne Kunst –
aber sie funktioniert."

„Ich arbeite an meinem Geduld-Level. Meistens mit
mäßigem Erfolg."

Wirkung:
Du entwaffnest Kritik, bevor sie kommt. Du
entschärfst Neid. Und du erzeugst Nähe – ohne dich
zu entblößen.

4. Vorsicht vor Angeberei im Deckmantel der
Motivation
Viele Menschen erzählen von Erfolgen, um andere zu
motivieren. Doch was sie oft übersehen: Motivation
kann auch als Maßstab wahrgenommen werden – und
dann als subtiler Vorwurf wirken.

Was besser funktioniert:
Anstatt: „Ich arbeite 14 Stunden täglich und liebe es!"
 → Sag: „Ich habe viel gearbeitet, aber ich weiß, dass
das nicht jeder Lebensstil ist – und das ist okay."

Anstatt: „Ich habe in fünf Jahren mein Unternehmen
aufgebaut – ohne einen einzigen freien Tag."
 → Sag: „Ich habe viel geopfert – und heute weiß ich,
was ich damals verpasst habe."

Ergebnisse sprechen lassen. Lass Zahlen, Projekte, Dritte für dich sprechen – statt dich selbst permanent zu feiern. Menschen nehmen sich Vorbilder, wenn sie das Gefühl haben, dass sie dabei nicht klein gemacht werden.

5. Psychologische Intelligenz im Berufsalltag – unperfekt überleben in perfektionistischen Systemen
Gerade in kompetitiven Unternehmen ist es riskant, zu perfekt zu wirken. Wer immer alles richtig macht, setzt sich nicht nur an die Spitze – sondern oft auch ins Visier. Erfolg erzeugt Spannung, wenn er zu dominant ist.

Strategien für sozialen Schutz:
Bitte gezielt um Rat – nicht, weil du ihn brauchst, sondern um anderen Kompetenz zuzugestehen.

Gib Fehler zu, bevor sie entdeckt werden – so entwaffnest du Kritik.

Erzähle gelegentlich, wie du selbst Hilfe brauchst – das macht dich menschlich.

Psychologischer Hintergrund:
Menschen arbeiten lieber mit jemandem, der kompetent und kooperativ ist – als mit jemandem, der perfekt erscheint und dabei unnahbar wirkt.

6. Kontrollierte Unvollkommenheit als Leadership-Werkzeug
Führungskräfte, die nur Stärke zeigen, wirken einschüchternd. Führungskräfte, die auch ihre

Unsicherheiten teilen – strategisch und dosiert –, wirken authentisch und vertrauenswürdig.

Konkrete Beispiele:
„Ich hab auch nicht alle Antworten – aber wir finden sie gemeinsam.“

„Das war mein Fehler. Ich hätte euch früher einbeziehen sollen.“

„Ich weiß, dass Veränderung Angst macht. Ich spüre das auch – aber ich vertraue uns.“

Das Paradoxe:
Gerade durch die Anerkennung von Nicht-Wissen entsteht Führungskraft. Denn wer Schwäche nicht verstecken muss, ist am wenigsten schwach.

Fazit: Wahre Autorität braucht kein perfektes Image – sondern echtes Menschsein
Perfektion beeindruckt kurzfristig. Aber es ist der kontrollierte Umgang mit Unvollkommenheit, der dauerhafte Wirkung entfaltet. Wer Nähe schafft, ohne die eigene Würde zu verlieren, wer Fehler zeigt, ohne das Vertrauen zu zerstören – der wächst in den Augen anderer.

„Menschen folgen nicht den perfekten Führenden – sondern denen, bei denen sie sich selbst wiedererkennen.“

Der Schlüssel liegt nicht im Verzicht auf Exzellenz – sondern im Wechselspiel zwischen Größe und

Verletzlichkeit, zwischen Wissen und Neugier,
zwischen Können und Zugänglichkeit.

Zeige deine Stärke – aber ohne Spiegelfläche zu
werden.
Zeige deine Fehler – aber nur die, die du im Griff hast.
Und zeige dich als Mensch – denn das ist am Ende die
wirksamste Form von Macht.

**Formlosigkeit – Die Kunst, in jeder Lage zu
bestehen, ohne sich selbst zu verlieren
In einer Welt, die sich rasant verändert, in der
Sicherheit oft nur noch eine Illusion ist und
gewohnte Strukturen jederzeit kollabieren
können, wird eine Fähigkeit zum entscheidenden
Vorteil: Formlosigkeit.**

**Aber was bedeutet das eigentlich – formlos zu
sein?**

**Formlosigkeit klingt vage, fast paradox. Es scheint
das Gegenteil von Orientierung, Stabilität und
Identität zu sein. Doch in Wahrheit ist es das
Gegenteil von Verhärtung – nicht von Klarheit. Es
ist keine Abwesenheit von Form, sondern die
bewusste Entscheidung, nicht an einer einzigen
Form zu haften. Es ist die höchste Stufe der
Anpassungsfähigkeit, getragen von innerer
Stabilität. Und genau darin liegt ihre Kraft.**

**Was Formlosigkeit wirklich bedeutet – jenseits
von Beliebigkeit**

Formlosigkeit ist die Fähigkeit, jede Form anzunehmen, ohne sich selbst zu verlieren. Es ist nicht ziellos, nicht beliebig, nicht haltlos. Es ist bewusstes Wandeln, ein fließender Zustand der inneren Wachheit, in dem du dich jeder Situation, jedem Gegenüber, jedem Wandel anpassen kannst – weil du in deinem Innersten nicht an etwas Äußerem klebst.

Du kannst:

weich sein, ohne schwach zu werden,

stark sein, ohne hart zu wirken,

dich verändern, ohne dich zu verraten.

Die größte Stärke ist oft die, die niemand greifen kann.

Bruce Lees Prinzip: „Sei wie Wasser" – eine Lebensstrategie
Bruce Lee, Kampfkünstler und Philosoph, prägte einen der berühmtesten Sätze über Formlosigkeit:

„Be water, my friend. Water can flow, or it can crash. Be like water."

Wasser ist das perfekte Symbol:

Es passt sich jeder Form an – ohne seine Natur zu verlieren.

Es fließt durch kleinste Ritzen – und zerschellt ganze Mauern.

Es reagiert, es dringt ein, es verändert – aber es bleibt sich immer treu.

In einer Tasse ist Wasser rund.
Im Wasserfall ist es wild.
In Eis ist es fest.
In Dampf ist es unsichtbar.
Doch es bleibt: Wasser.

Formlosigkeit bedeutet: Sei du selbst – aber bleibe beweglich.

Warum Formlosigkeit ein Zeichen von Souveränität ist – nicht von Unsicherheit
1. Starrheit macht verletzlich – Flexibilität schützt
Was sich nicht bewegt, wird berechenbar. Was berechenbar ist, wird angreifbar.

Ein starres System wirkt stark – aber es ist verwundbar, weil es nicht mit der Welt mitschwingt.
Ein Mensch mit starren Überzeugungen, festen Rollenbildern und klar umrissenen Reaktionen ist leicht zu manipulieren. Seine Gegner wissen genau, wie er reagiert. Wer aber wandlungsfähig ist, bleibt unberechenbar – und damit unangreifbar.

Der stärkste Baum bricht im Sturm. Das biegsame Gras bleibt stehen.

2. Formlosigkeit bedeutet: Unsichtbarkeit als Stärke

In Machtspielen, Politik oder Verhandlungen gilt: Wer sich auf keine feste Rolle festnageln lässt, ist schwer zu greifen. Wer wandelbar ist, entzieht sich dem Zugriff.

Beispiel: Deng Xiaoping
Der chinesische Reformer modernisierte China, ohne mit der alten Ideologie zu brechen. Sein berühmter Satz:

„Es ist egal, ob die Katze schwarz oder weiß ist – Hauptsache, sie fängt Mäuse."

bedeutet in der Tiefe: Ergebnisse zählen mehr als Etiketten. Prinzipien, die zu starr sind, töten Handlungsspielraum. Und wer kein klares Feindbild abgibt, bleibt politisch unangreifbar.

3. Wer zu sehr an Stabilität klammert, wird überholt

Das Sicherheitsversprechen des Status quo ist trügerisch.
Viele Systeme – Unternehmen, Parteien, Lebensentwürfe – zerbrechen nicht an Misserfolg, sondern an dem Festhalten am alten Erfolg.

Beispiel: Blockbuster
Die Videokette war einmal ein Gigant. Doch sie wollte sich nicht verändern. Sie lehnte ein frühes Kaufangebot von Netflix ab – weil sie glaubte, dass

ihr Modell „stationärer Verleih" unantastbar sei.
Heute steht Netflix an der Spitze – Blockbuster
existiert nur noch als Mahnmal.

Formlosigkeit wäre gewesen: das eigene Modell
infrage stellen, bevor es andere tun.

Wie Formlosigkeit im Alltag aussieht – Strategien
für Beruf, Leben und Wandel
1. Entziehe dich starren Identitäten
Je enger du dich definierst, desto weniger
Spielraum bleibt dir.
Wenn du sagst: „Ich bin Jurist.", dann schließt du
vielleicht aus, dass du auch Unternehmer, Lehrer
oder Autor sein könntest.
Wenn du sagst: „Ich bin introvertiert.", dann
beschneidest du die Momente, in denen du
extrovertiert agieren könntest – aus Freiheit,
nicht aus Zwang.

Definiere dich über Wirkung, nicht über Etiketten.
Über Haltung, nicht über Rolle.

Statt:
„Ich bin Vertriebsleiter."

Besser:
„Ich bin jemand, der Menschen hilft, den Wert
eines Angebots zu erkennen."

2. Ändere deine Taktik – nicht dein Ziel
Ein formloser Mensch weiß, wohin er will – aber
nicht, auf welchem Weg er ankommen muss.

Er kann durchsetzen – oder zuhören.
Er kann klar führen – oder empathisch begleiten.
Er kann handeln – oder schweigen.
Je nach Situation. Je nach Bedarf. Ohne sich selbst
zu verraten.

Formlosigkeit heißt: Ich erkenne, was die
Situation braucht – und werde das.

3. Lerne, veraltete Wege loszulassen
Nichts behindert Entwicklung so sehr wie das
Festhalten an gestern.

Beispiel: Corona-Krise.
Restaurants, die ihr Geschäftsmodell blitzschnell
auf Lieferservice, Abholung und digitale
Plattformen umstellten, überlebten.
Diejenigen, die sagten: „Das geht vorbei – wir
warten", verloren.

Formlosigkeit heißt: Nicht warten, bis du darfst –
sondern tun, was du kannst.

4. Entwickle Prinzipientreue – ohne Dogmatismus
Es ist gut, Werte zu haben – aber nicht, wenn sie
zu Gefängnissen werden.

Ein Politiker, der sich nie verändert, wird
irrelevant. Einer, der alle Prinzipien aufgibt, wird
unglaubwürdig.
Der formlos Denkende sagt: „Ich bleibe meinem
inneren Kompass treu – aber ich passe meine

Sprache, meine Mittel und meine Botschaften an
die Zeit an."

Formlosigkeit in der Tiefe: Der Tanz zwischen
Anpassung und Identität
Ein häufiger Irrtum: Formlosigkeit sei
gleichbedeutend mit Selbstverlust.
Das Gegenteil ist der Fall: Nur wer weiß, wer er
ist, kann sich verwandeln, ohne sich aufzulösen.
Formlosigkeit ist die Fähigkeit, zu tanzen – statt
zu stolpern, wenn sich der Rhythmus ändert.

Wie ein Kampfkünstler:
Er kämpft nicht gegen den Gegner – sondern nutzt
dessen Bewegung.
Er ist weich, wenn Härte auf ihn trifft.
Er ist hart, wenn Weichheit ihn untergräbt.
Er ist das, was die Situation erfordert – aber er
bleibt, wer er ist.

Fazit: Formlosigkeit ist die höchste Form von
Macht – weil sie ungreifbar bleibt
In einer Welt, die ständig in Bewegung ist, ist
Stabilität oft nur Trägheit mit gutem PR-Text.
Nur wer sich wandeln kann, bleibt relevant.
Nur wer nicht haftet, wird nicht zerstört.
Nur wer fließt, überlebt.

„Wasser passt sich an – aber verliert nie seine
Tiefe. Sei wie Wasser."

Werde nicht das, was andere erwarten – werde
das, was die Realität erfordert.

Aber bleibe dir treu – in deiner Substanz, deiner Vision, deinem Wesen.

Ich erreiche alles, was ich mir erträume – weil ich an mich glaube.

—

Ich übernehme volle Verantwortung für mein Leben – radikal, kompromisslos, bewusst
Es gibt einen Punkt im Leben – einen Wendepunkt –, an dem man aufhört, nach Ausreden zu suchen.
Einen Moment, in dem du aufhörst, den Finger nach außen zu richten – und beginnst, ihn auf dich selbst zu zeigen.
Nicht aus Schuldgefühl. Nicht aus Selbstverurteilung.
Sondern aus einer tiefen, erwachten Erkenntnis:
Wenn ich wirklich etwas ändern will, dann beginnt es mit mir.

Verantwortung ist kein Gewicht, das dich niederdrückt – sie ist die Kraft, die dich aufrichtet.
Sie ist nicht das Ende von Freiheit – sie ist ihr Anfang.

Denn solange du anderen die Schuld gibst – deiner Kindheit, deinen Eltern, deiner Chefin, der Regierung, den Umständen – bleibst du ein Spielball.
Aber in dem Moment, in dem du sagst: „Ich übernehme Verantwortung – für alles, was ich tue, denke, fühle, entscheide", passiert etwas Großes:
Du wirst handlungsfähig.
Du wirst Schöpfer statt Opfer.

Gestalter statt Zuschauer.
Ursache statt Wirkung.

Verantwortung heißt: Ich warte nicht mehr – ich wähle.
Die meisten Menschen verbringen ihr Leben damit, auf
bessere Umstände zu hoffen.
Sie hoffen, dass ihr Chef sie endlich erkennt.
Sie hoffen, dass der Partner sich ändert.
Sie hoffen auf bessere Politiker, gerechtere Systeme,
mehr Glück, mehr Geld, weniger Stress.

Aber Hoffnung ohne Handlung ist Stillstand.
Und Hoffnung ohne Verantwortung ist Selbstbetrug.

Verantwortung bedeutet:
Ich warte nicht auf Glück. Ich schaffe Voraussetzungen
dafür.
Ich warte nicht auf Anerkennung. Ich gebe sie mir selbst.
Ich warte nicht auf den „richtigen Zeitpunkt". Ich mache
ihn richtig.

Verantwortung ist nicht: „Ich bin schuld."
Sondern: „Ich bin zuständig."

Beispiel aus dem echten Leben: Recht haben – oder
Verantwortung tragen?
Du bist im Recht. Du hattest Vorfahrt. Der andere fährt
dir ins Auto.
Jetzt liegst du im Krankenhaus. Du bist wütend. Zu Recht.
Aber: Was bringt dir dein Recht, wenn es dir die
Lebensfreude nimmt?

Verantwortung in dieser Situation bedeutet nicht, dass du die Schuld auf dich nimmst.
Es bedeutet: Du fragst dich trotzdem – nicht aus Reue, sondern aus Reife:

Hätte ich früher losfahren können?

War ich innerlich gestresst, unachtsam?

Hätte ich intuitiv etwas spüren können?

Du übernimmst Verantwortung für deinen Anteil – nicht um zu leiden, sondern um zu lernen.

Denn solange du lernst, entwickelst du dich.
Und solange du dich entwickelst, bist du frei.

Ich gehe All-in – weil halbe Hingabe keine ganze Wirkung erzeugt
Halbherzigkeit ist die Vorstufe zum Scheitern.
Die Welt gehört nicht denen, die abwägen, zögern, absichern – sondern denen, die klar entscheiden und ganz eintauchen.

Wenn du nur 50 % gibst, bekommst du keine 100 % zurück.
Wenn du dich zurückhältst, weil du Angst vor Enttäuschung hast, wirst du die Größe nie erleben, die jenseits dieser Angst liegt.

Ganz oder gar nicht ist keine Floskel – es ist ein
Lebensprinzip.

Ob in deiner Beziehung, deinem Projekt, deinem Körper,
deinem Beruf:
Wenn du präsent bist, sei wirklich da.
Wenn du dich entscheidest, dann wirklich.

Beispiel:
Du willst ein Buch schreiben.
Wenn du wartest, bis du „mehr Zeit" hast, wirst du es nie
tun.
Wenn du dich aber verpflichtest, jeden Morgen um 6
Uhr zu schreiben – zwei Seiten, ganz gleich, wie du dich
fühlst – dann geschieht etwas.
Disziplin wird zur Dynamik.
Hingabe wird zur Gewohnheit.
Und plötzlich entsteht das, was viele für Talent halten:
Erfolg durch Konsequenz.

Du wirst nie bereuen, dass du alles gegeben hast.
Du wirst nur bereuen, wenn du es nicht versucht hast.

Ich fürchte keine Niederlagen – ich begrüße sie als
Lehrer
Scheitern ist kein Beweis für Schwäche – sondern dafür,
dass du im Spiel bist.
Nur wer handelt, kann verlieren.
Aber nur wer handelt, kann gewinnen.

Es ist einfach, keine Fehler zu machen – wenn du nie
etwas wagst.
Aber dann wirst du alt mit einem Leben, das nie gelebt
wurde.

Fehler sind nicht das Gegenteil von Erfolg – sie sind sein
Fundament.
Jede Niederlage ist ein Trainingslager für Charakter.
Jede Enttäuschung ein Lackmustest deiner inneren
Stärke.

Beispiel:
Du startest dein erstes Business. Es läuft schlecht. Kaum
Kunden.
Du fühlst dich wie ein Versager.
Aber dann stellst du fest: Du hast gelernt, wie Kunden
denken.
Du hast gelernt, wie du verkaufen musst.
Du hast gelernt, was du nicht wiederholen wirst.
Dein nächstes Projekt wird besser – weil du gefallen bist.

Niemand wird groß, ohne klein gewesen zu sein.
Niemand wird mutig, ohne Angst gespürt zu haben.

Ich bin nicht perfekt – aber ich bin bereit, nie
aufzugeben
Perfektion ist der größte Betrug, den uns unsere
Gesellschaft verkauft hat.
Wir müssen nicht perfekt sein – wir müssen echt sein.
Echt in unserem Streben. Echt in unserem Versuchen.
Echt in unserer Bereitschaft, weiterzugehen.

Wer versucht, perfekt zu sein, gibt oft schon beim ersten
Fehler auf.
Doch wer akzeptiert, dass Scheitern Teil des Spiels ist,
bleibt dabei – auch wenn's schwer wird.

Beispiel:
Du willst dich gesund ernähren.
Drei Wochen klappt's – dann isst du eine Tafel
Schokolade.
Alte Denkweise: „Ich hab's wieder verkackt."
Neue Haltung: „Ich hab einen Schritt zurück gemacht –
aber ich geh weiter."

Denn:

Nicht der Rückschritt ist das Problem.

Sondern die Entscheidung, ihn zum Ende zu machen.

Ich bin nicht hier, um perfekt zu werden.
Ich bin hier, um zu wachsen. Jeden Tag.
Unvollkommen. Aber unaufhaltsam.

Ich entwickle mich täglich – weil das Leben selbst
Bewegung ist
Stillstand ist Illusion. Nichts im Universum bleibt stehen.
Die Erde dreht sich. Der Körper altert. Systeme wandeln
sich.
Wenn du nicht bewusst wächst, dann schrumpfst du.

Ich habe entschieden, mein Wachstum selbst zu steuern.

Ich lese. Nicht, um klug zu wirken – sondern um klug zu werden.

Ich reflektiere. Nicht, um mich zu bemitleiden – sondern um zu verstehen.

Ich verändere. Nicht, um anderen zu gefallen – sondern um ich selbst zu werden.

Beispiel aus meinem Alltag:
Ich suche gezielt Menschen auf, die besser sind als ich – in einzelnen Bereichen.
Ich bitte aktiv um Feedback – nicht, weil ich unsicher bin, sondern weil ich lernen will.
Ich investiere in mich – mit Zeit, Geld und Energie.
Denn ich weiß: Ich bin mein bestes Projekt.

Schlussgedanke: Ich bin Schöpfer, kein Schatten
Ich bin kein Produkt der Umstände.
Ich bin nicht der Beifahrer meines Lebens.
Ich sitze am Steuer – auch wenn die Straße holprig ist.

Ich entscheide.
Ich falle.
Ich stehe auf.
Ich wachse.
Ich gehe weiter.

Und genau deshalb wird mein Leben kein Zufallsprodukt, sondern ein Meisterwerk.

Denn:

Ich übernehme radikal Verantwortung. Für alles. Für immer. Für mich.

Dabei verfolge ich ein klares Ziel: Exzellenz. Auch wenn Perfektion in ihrer reinsten Form unerreichbar ist, treibt mich gerade dieses Streben danach an, immer besser zu werden – Tag für Tag, Schritt für Schritt.
Ich folge meiner inneren Bestimmung – bewusst und entschlossen.

Jeder Mensch trägt tief in sich eine Bestimmung, eine innere Berufung, die ihn leitet – auch wenn sie sich nicht immer sofort offenbart. Diese Bestimmung ist wie ein innerer Kompass, der uns Orientierung gibt, wenn wir uns im Nebel des Alltags verlieren. Sie ist mehr als ein Ziel – sie ist ein Weg, ein Gefühl, ein tiefes Wissen darüber, wofür wir brennen und was unserem Leben Sinn gibt.

Wenn wir unsere Bestimmung erkannt haben, verändert sich unser Blick auf das Leben. Herausforderungen erscheinen nicht mehr als bloße Hindernisse, sondern als Gelegenheiten, zu wachsen. Rückschläge sind keine Niederlagen, sondern Lektionen. Unsere Bestimmung gibt uns die Kraft, jeden Tag mit Entschlossenheit zu begegnen – besonders dann, wenn der Weg steinig wird.

So wie ein Leuchtturm auch bei Sturm und Dunkelheit seinen Weg weist, so zeigt uns unsere Bestimmung das Licht, wenn unser Leben von Zweifeln oder Ängsten überschattet ist. Sie ist der innere Freund, der uns in der Not die Hand reicht, wenn niemand sonst es tut.

Ich habe gelernt: Im Schmerz liegt verborgenes Wachstum. Schmerz ist kein Feind – er ist ein Lehrer. Wer schon einmal im Fitnessstudio bis zur Erschöpfung trainiert hat, kennt das Prinzip: Nicht die ersten Wiederholungen lassen den Muskel wachsen, sondern die letzten – jene, die brennen, die wehtun, bei denen man fast aufgeben will. Genau dort entsteht Veränderung. Genau dort liegt das Wachstum.

Beispiel: Ein junger Unternehmer scheitert mit seiner ersten Idee. Er steht vor Schulden, Kritik und Selbstzweifeln. Doch er erkennt: Der Schmerz dieses Scheiterns hat ihm mehr gelehrt als jedes Erfolgserlebnis zuvor. Mit dieser Erfahrung baut er sein nächstes Projekt auf – klüger, stärker, bewusster. Und diesmal gelingt es.

Wir wissen: Schmerz ist Teil des Prozesses. Wir laufen ihm nicht davon. Wir begegnen ihm mit Mut, mit Würde, mit breiter Brust. Denn wir wissen: In den dunkelsten Momenten zeigt sich, wer wir wirklich sind. Und es ist genau dieser Moment, in dem wir unsere tiefste Kraft entdecken – die Kraft, die aus unserer Bestimmung entspringt.

Ich gehe meinen Weg – geführt von meiner inneren Bestimmung, mit Klarheit, Mut und Hingabe.

Tief in jedem Menschen schlummert etwas, das größer ist als bloß ein Wunsch oder ein Ziel – eine innere Bestimmung. Sie ist nicht immer sofort greifbar, nicht laut, nicht aufdringlich. Und doch ist sie da – wie eine leise Stimme in uns, die uns daran erinnert, wer wir wirklich sind und wofür wir hier sind. Diese Bestimmung ist kein festgelegter Beruf oder ein vorgezeichneter Lebensweg. Sie ist vielmehr ein inneres Feuer, das uns antreibt, ein Gefühl von Sinn, das uns Kraft gibt – selbst dann, wenn alles um uns herum ins Wanken gerät.

Manchmal braucht es Zeit, Geduld und Selbstbegegnung, um diese Bestimmung zu erkennen. Doch wenn wir beginnen, ihr zu folgen, verändert sich unser gesamtes Erleben. Plötzlich erscheinen Hindernisse nicht mehr wie unüberwindbare Blockaden, sondern wie Prüfungen, an denen wir wachsen dürfen. Rückschläge werden zu wertvollen Lektionen, die uns reifen lassen. Unsere Bestimmung wird zu einem inneren Anker – besonders in den Momenten, in denen der äußere Halt fehlt.

Beispiel: Eine junge Ärztin spürt schon früh den Drang, anderen zu helfen. In langen Nachtschichten, in überfüllten Notaufnahmen, wenn der Stress übermächtig scheint und ihr Schlaf fehlt, erinnert sie sich an dieses Gefühl – das Wissen, dass sie genau dort gebraucht wird. Es ist nicht der Applaus, nicht das

Gehalt, das sie antreibt – es ist ihre innere Bestimmung, Leben zu retten, Trost zu spenden, da zu sein. Dieses innere Warum gibt ihr die Stärke, weiterzumachen – Tag für Tag.

Unsere Bestimmung ist wie ein inneres Licht, das uns auch durch die dunkelsten Täler führt. Wenn wir mutlos sind, wenn Zweifel uns den Blick vernebeln, wenn der Lärm der Welt uns glauben machen will, wir seien verloren – dann erinnert uns diese Bestimmung daran, dass in uns etwas Klareres existiert als jede Unsicherheit. Sie ist wie ein Leuchtturm am Horizont, der uns nicht zwingt, sondern einlädt, unseren Kurs beizubehalten. Sie ist wie ein vertrauter Freund, der uns schweigend begleitet – nicht laut, aber stets präsent.

Ich habe erkannt: Wachstum findet selten in Komfortzonen statt. Vielmehr liegt es im Schmerz, in der Reibung, im inneren Widerstand.

Ob im Sport, in Beziehungen, im Beruf oder im persönlichen Wandel – die entscheidenden Momente des Fortschritts sind jene, in denen wir an unsere Grenzen stoßen. Der Muskel wächst nicht bei den ersten Wiederholungen, sondern bei den letzten – dort, wo das Zittern beginnt, wo der Schmerz einsetzt und der Körper „genug" rufen will. Genau dort beginnt Transformation. Wachstum geschieht, wenn wir nicht fliehen, sondern bleiben.

Beispiel: Ein junger Musiker spielt auf der Straße. Seine ersten Auftritte verlaufen kläglich. Passanten laufen vorbei, ohne hinzusehen. Manche lachen sogar. Doch statt aufzugeben, beginnt er, diese Erfahrungen zu nutzen. Er verfeinert sein Spiel, beobachtet die Reaktionen, übt weiter – Tag für Tag. Der Schmerz der Ablehnung wird zu seiner Motivation. Jahre später füllt er mit seiner Musik Konzertsäle – und blickt mit Dankbarkeit auf die Tage zurück, an denen er auf dem Bordstein saß und an sich selbst zweifelte. Denn ohne diesen Schmerz wäre er nie gewachsen.

Wir laufen dem Schmerz nicht davon – wir begegnen ihm. Mit offenem Herzen. Mit aufrechter Haltung. Wir verstehen ihn nicht als Strafe, sondern als Teil des Weges. Denn wir wissen: In den dunkelsten Nächten zeigt sich das wahre Licht. Und manchmal muss man tief fallen, um den festen Boden unter den eigenen Füßen wiederzufinden.

Unsere innere Bestimmung ist die Kraftquelle, die uns durch alle Stürme trägt. Sie macht uns nicht unverwundbar – aber unaufhaltsam. Nicht perfekt – aber echt. Und sie erinnert uns stets daran: Unser Leben ist nicht bloß etwas, das passiert – es ist etwas, das wir gestalten, bewusst, mit Herz und Entschlossenheit.
Ich folge meiner inneren Bestimmung – kompromisslos, bewusst und voller Hingabe
Es gibt einen Moment im Leben jedes Menschen, in dem die äußeren Stimmen leiser werden und die eigene

Stimme zum ersten Mal klar hörbar ist. Kein Lärm mehr,
kein Getöse – nur ein inneres Wissen, das sagt:
„Das ist mein Weg. Genau dafür bin ich hier."

Diese Stimme ist nicht immer laut. Oft ist sie leise, scheu,
fast unscheinbar. Doch sie ist beständig.
Sie ruft dich, wenn du nachts wach liegst.
Sie meldet sich, wenn du Dinge tust, die nicht mit
deinem Herzen im Einklang stehen.
Sie macht sich bemerkbar als Sehnsucht, als Unruhe –
manchmal sogar als Schmerz.

Das ist deine innere Bestimmung.

Bestimmung ist kein Ziel – sie ist ein innerer Ruf
Viele Menschen verwechseln Bestimmung mit Erfolg. Sie
glauben, es ginge darum, etwas Großes zu leisten, eine
Spur zu hinterlassen, von anderen bewundert zu
werden. Doch das ist Ego, nicht Seele.

Deine wahre Bestimmung ist nicht das, was dich glänzen
lässt – sondern das, was dich lebendig macht.

Sie ist der Ort, an dem deine Fähigkeiten, deine
Leidenschaften und der tiefe Wunsch, einen Beitrag zu
leisten, zusammenfinden.
Sie ist nicht immer bequem. Sie führt dich nicht
zwangsläufig in äußeren Ruhm. Aber sie führt dich in
deine Kraft – und das ist mehr wert als jede Medaille.

Die Kraft der Bestimmung in dunklen Zeiten

Bestimmung zeigt ihre größte Kraft nicht dann, wenn
alles gut läuft – sondern wenn alles wankt.
Wenn du fällst, wenn du zweifelst, wenn du kurz davor
bist, aufzugeben – dann ist sie das, was dich wieder
aufstehen lässt.
Nicht die Meinung anderer. Nicht dein Bankkonto. Nicht
deine Vergangenheit.
Sondern der Gedanke:

„Ich bin nicht zufällig hier. Ich habe eine Aufgabe. Und
ich werde sie erfüllen.“

Deine Bestimmung ist das innere Feuer, das nicht erlischt
– selbst wenn der Wind des Lebens hart bläst.

Schmerz als Lehrmeister: Warum Wachstum immer
durch Reibung entsteht
Es ist eine der großen Wahrheiten des Lebens:
Wachstum geschieht nicht im Komfort – sondern an der
Grenze.
An der Schwelle zwischen dem, was war, und dem, was
möglich ist.
Zwischen Sicherheit und Mut. Zwischen Kontrolle und
Vertrauen.

Wie beim Training im Fitnessstudio:
Nicht die ersten Wiederholungen machen dich stärker.
Sondern die letzten – die wehtun, die dich zittern lassen,
bei denen dein Körper sagt: „Ich kann nicht mehr.“
Und dein Wille antwortet: „Doch – genau jetzt beginnt
das echte Training.“

So ist es auch im Leben:

Die Beziehung, die dich herausfordert, zeigt dir, wo du heilen darfst.

Der Rückschlag im Beruf lehrt dich, wofür du wirklich brennst.

Der Verlust zeigt dir, was dir wirklich wichtig ist.

Wachstum braucht Reibung. Entwicklung braucht Schmerz. Transformation braucht Wahrheit.

Ich laufe nicht mehr vor Schmerz davon – ich gehe durch ihn hindurch
Früher dachte ich: Schmerz ist ein Zeichen, dass etwas falsch läuft.
Heute weiß ich: Schmerz ist oft das Zeichen, dass ich auf dem richtigen Weg bin – nur dass mein altes Ich sich dagegen wehrt.

Denn jedes Mal, wenn du deiner Bestimmung näherkommst, stirbt ein Stück von dem in dir, was bequem, angepasst, gefällig war.
Und ja: Das tut weh.
Doch dieser Schmerz ist heilsam. Er ist der Geburtskanal deiner nächsten Version.
Er ist das Feuer, das dich reinigt.
Er ist der Lehrer, der dich vorbereitet – auf das, wofür du eigentlich hier bist.

Bestimmung und Identität: Wer bist du, wenn niemand
zusieht?
In einer Welt, die dich ständig auffordert, jemand zu
sein, der du scheinen sollst, ist die größte Revolution, du
selbst zu sein.
Nicht die Version, die gemocht wird. Nicht die Version,
die Erfolg verspricht. Sondern die Version, die dich erfüllt
– auch wenn sie anderen nicht gefällt.

Deine Bestimmung hat nichts mit Image zu tun.
Sie hat mit Integrität zu tun.
Mit der radikalen Entscheidung, authentisch zu leben.

Denn am Ende wirst du dich nicht dafür verfluchen, dass
du zu viel geliebt hast, zu ehrlich warst, zu verletzlich
warst –
Sondern dafür, dass du dein eigenes Licht versteckt hast,
um anderen nicht zu hell zu scheinen.

Wie ich täglich meiner Bestimmung folge – konkret und
konsequent
1. Ich höre täglich nach innen
Bevor ich mich vom Außen bestimmen lasse, frage ich
mich: Was will meine Seele heute wirklich sagen?
Das erfordert Stille. Mut. Und Geduld. Aber diese
Stimme ist da – wenn ich lerne, sie zu hören.

2. Ich handle auch ohne Garantie
Meine Bestimmung kennt keinen Masterplan. Sie zeigt
mir den nächsten Schritt – nicht das ganze Ziel.

Aber ich gehe. Weil Vertrauen mehr Kraft gibt als
Sicherheit.

3. Ich bleibe nicht stehen
Ich weiß: Es wird Rückschläge geben. Aber ich bin nicht
hier, um perfekt zu sein. Ich bin hier, um zu wachsen.
Jeden Tag. Schritt für Schritt.

4. Ich diene etwas Größerem
Meine Bestimmung endet nicht bei mir. Sie dient
anderen.
Sie will teilen, heilen, inspirieren.
Und genau deshalb ist sie unerschütterlich – weil sie
nicht aus Ego, sondern aus Tiefe kommt.

Fazit: Bestimmung ist das höchste Maß von Freiheit
Wenn ich meiner Bestimmung folge, bin ich nicht mehr
abhängig von Bestätigung.
Ich messe mein Leben nicht an Applaus – sondern an
Wahrhaftigkeit.
Ich definiere mich nicht über Ergebnisse – sondern über
Ausrichtung.

Und genau deshalb ist dieser Weg nicht nur mein Weg –
Er ist meine Befreiung.

Ich folge meiner inneren Bestimmung –
auch wenn sie mich durch Dunkelheit führt,
auch wenn sie mir Angst macht,
auch wenn ich dabei alles loslassen muss, was mir einst
Halt gab.

Denn ich weiß:
Was am Ende bleibt, ist nicht das, was ich erreicht habe
–

Sondern wer ich geworden bin.

Und wenn ich dieser inneren Wahrheit treu bleibe,
dann kann ich am Ende meines Lebens sagen:

„Ich habe gelebt. Wirklich gelebt. Für das, wofür ich
gemeint war."

Ich gehe meinen Weg – geführt von meiner inneren
Bestimmung, mit Klarheit, Mut und Hingabe.

dem Schmerz nicht davon – wir begegnen ihm. Mit
offenem Herzen. Mit aufrechter Haltung. Wir verstehen
ihn nicht als Strafe, sondern als Teil des Weges. Denn wir
wissen: In den dunkelsten Nächten zeigt sich das Wir
laufen wahre Licht. Und manchmal muss man tief fallen,
um den festen Boden unter den eigenen Füßen
wiederzufinden.

Unsere innere Bestimmung ist die Kraftquelle, die uns
durch alle Stürme trägt. Sie macht uns nicht
unverwundbar – aber unaufhaltsam. Nicht perfekt –
aber echt. Und sie erinnert uns stets daran: Unser Leben
ist nicht bloß etwas, das passiert – es ist etwas, das wir
gestalten, bewusst, mit Herz und Entschlossenheit.

Ich suche mein Glück nicht im Moment, nicht im gestern, sondern finde es im Heute! Jeden Tag aufs Neue geben wir unser Bestes, entwickeln uns weiter und erreichen mehr im Leben. Dennoch ist uns stets bewusst, dass wir morgen nicht glücklicher sein werden, als wir es heute sein können. Wir jagen keiner Fata Morgana hinterher. Glücklich können wir nur heute sein. Und die gestrigen Gefühle sind vergangen und nicht der Rede wert.   Ich habe keine Angst, Liebe zu zeigen! Bei all der Dominanz, die wir in unserem Leben ausstrahlen, vergessen wir nie, das Liebe die Stärkste Kraft dieser Erde ist. Wir haben keine Angst, uns diesem Gefühl zu stellen. Niemals werden wir ein „Ich liebe dich Mama/Papa/…" zurückhalten, weil es uns peinlich ist. Wir zeigen unsere Gefühle, denn unsere Mitmenschen haben verdient zu erfahren, was sie uns bedeuten. Das waren meine Regeln, um jedes Ziel zu erreichen. Natürlich wird es eine Weile dauern, bis dir diese Regeln in Fleisch und Blut übergehen. Es wird nicht sofort alles perfekt laufen. Das ist völlig normal. Doch bleib dran! Denn du bist jetzt einer von uns und wir geben niemals auf! Wenn du dich an diese Regeln, an dieses Credo hältst, wirst du dein Leben schon bald dominieren. Zum Schluss habe ich dir noch ein paar Glaubenssätze die dich Erfolgreich, Glücklich und Reich machen werden. Ich suche mein Glück nicht im Gestern und nicht im flüchtigen Moment – ich finde es im Heute. Wir Menschen sind Suchende. Wir streben, wir arbeiten, wir hoffen. Doch zu oft schauen wir dabei zurück – auf das, was war – oder nach vorn – auf das, was vielleicht eines Tages sein wird. Wir verlieren uns in der Vorstellung, dass das wahre Glück irgendwo anders liegt: im nächsten Erfolg, in der kommenden Beziehung, im nächsten Urlaub oder im Ruhestand. Doch das ist eine Illusion – eine Fata Morgana am Horizont, die verschwindet, je näher wir ihr kommen.

Glück ist kein Punkt in der Zukunft und keine Erinnerung von gestern. Es ist ein Entschluss – und er wird im Jetzt getroffen.

Jeden Tag stehen wir auf, mit der Möglichkeit, unser Bestes zu geben. Wir lernen dazu, wachsen über uns hinaus, erreichen neue Etappen. Doch wenn wir unser Glück davon abhängig machen, was wir eines Tages „endlich" erreicht haben werden, verpassen wir das, was heute bereits möglich ist: Dankbarkeit, Freude, Liebe.

Beispiel: Eine junge Mutter kümmert sich um ihre Kinder, während sie gleichzeitig einen Job und den Haushalt bewältigt. Sie hat große Träume – ein eigenes Geschäft, finanzielle Unabhängigkeit. Doch sie weiß auch: Das Lächeln ihres Kindes beim Frühstück, die Umarmung nach einem langen Tag – das ist ihr Glück im Jetzt. Sie wählt jeden Tag, dieses Glück zu sehen, statt es aufzuschieben.

Wir leben bewusst. Wir sind keine Getriebenen, die einem Ziel hinterherlaufen, das sich ständig verschiebt. Wir wissen: Das Gestern ist vergangen, wir lassen es los – ob es schön oder schmerzhaft war. Und das Morgen? Es ist ein Versprechen, aber keine Garantie. Unser Fokus liegt auf dem Heute. Auf dem, was wir jetzt fühlen, denken, tun.

Ich habe keine Angst, Liebe zu zeigen – denn sie ist die stärkste Kraft, die wir besitzen.

In einer Welt, die oft Härte, Kontrolle und Dominanz glorifiziert, wählen wir einen anderen Weg. Wir verstehen: Wahre Größe zeigt sich nicht in Zurückhaltung oder emotionaler Kälte – sondern in Offenheit, in Verletzlichkeit, in echtem Mitgefühl. Liebe zu zeigen, ist kein Zeichen von Schwäche – sondern von Mut.

Beispiel: Ein erwachsener Sohn steht an der Tür seiner Eltern, bevor er zurück in seine eigene Stadt fährt. Statt sich mit einem kurzen „Ciao" zu verabschieden, umarmt er seine Mutter fest, schaut ihr in die Augen und sagt: „Ich hab dich lieb, Mama. Danke für alles." Früher hätte er das nicht über die Lippen gebracht – heute weiß er, wie wertvoll solche Worte sind.

Wir halten unsere Gefühle nicht zurück. Wir sagen: „Ich liebe dich" – zu unseren Partnern, unseren Eltern, unseren Kindern, unseren Freunden. Wir schreiben Briefe, senden Sprachnachrichten, schauen Menschen bewusst in die Augen. Denn wir wissen: Niemand sollte sich je fragen müssen, ob er geliebt wird. Niemand sollte erst auf einer Beerdigung hören, wie sehr er geschätzt wurde.

Liebe ist der Kitt, der unsere Welt zusammenhält. Und wir tragen diese Liebe in uns – offen, ehrlich, stolz.

Du hast dich entschieden, diesen Weg zu gehen. Das bedeutet nicht, dass du sofort alles perfekt umsetzen wirst. Es wird Tage geben, an denen du zweifelst. Es wird Momente geben, in denen du alte Muster wiederholst. Und das ist vollkommen okay. Veränderung ist kein Knopfdruck – sie ist ein Prozess.

Doch erinnere dich in diesen Momenten daran: Du bist nicht allein. Du bist jetzt Teil einer Gemeinschaft von Menschen, die sich entschieden haben, ihr Leben selbst in die Hand zu nehmen. Menschen, die nicht aufgeben. Menschen, die sich selbst herausfordern, um zu wachsen. Menschen, die den Mut haben, echt zu sein.

Beispiel: Vielleicht schreibst du zum ersten Mal morgens deine Ziele auf. Vielleicht sprichst du zum ersten Mal ein echtes Kompliment aus, ohne Angst vor Ablehnung. Vielleicht gehst du heute deinen Weg ein kleines Stück bewusster. Das ist kein kleiner Schritt – das ist der Anfang von allem.

Zum Schluss möchte ich dir einige kraftvolle Glaubenssätze mitgeben – Sätze, die dich stärken, wenn es schwierig wird. Worte, die du dir immer wieder sagen solltest, bis sie Teil deiner inneren Stimme werden.

✨ Ich bin bereits genug – und ich darf gleichzeitig wachsen.
✨ Ich bin der Gestalter meines Lebens – kein Opfer der Umstände.
✨ Liebe ist keine Schwäche – sie ist meine Superkraft.
✨ Ich erwarte nichts von morgen, dass ich mir heute nicht schenken kann.
✨ Jeder Tag ist ein neues Kapitel – und ich bin der Autor.
✨ Rückschläge sind keine Stoppschilder, sondern Umleitungen auf dem Weg zum Erfolg.
✨ Ich vertraue mir. Ich liebe mich. Ich glaube an mich.

Sprich sie aus. Schreibe sie auf. Denke sie immer wieder. Denn dein Denken formt dein Fühlen – und dein Fühlen formt dein Handeln.

Jetzt liegt es an dir. Du hast die Werkzeuge. Du hast die Entscheidung getroffen. Bleib dran. Geh weiter. Und erinnere dich: Wir geben niemals auf.

Warum Menschen mit ihrem Unternehmen scheitern – und was wirklich dahinter steckt

Ich finde es immer wieder faszinierend, wenn Menschen ihre Geschichten darüber erzählen, warum ihr Unternehmen gescheitert ist. Da hört man dann Sätze wie:

„Ich hatte die falschen Mitarbeiter."
„Meine Sekretärin hat nur Fehler gemacht."
„Die Krankenkasse hat mir das Genick gebrochen."
„Niemand wollte mein Produkt kaufen – oder nur zu
einem lächerlich niedrigen Preis."
„Ich habe einfach mehr ausgegeben, als ich
eingenommen habe."

Das klingt oft nachvollziehbar – und manchmal auch
dramatisch. Aber wenn wir ehrlich sind, dann steckt
hinter diesen Erklärungen meist nicht die wirkliche
Ursache des Scheiterns.

Denn: Nicht das Unternehmen ist gescheitert – die
Person dahinter ist gescheitert.

1. Persönliches Scheitern statt äußerer Umstände
Wenn niemand dein Produkt kaufen möchte, bist du
nicht an deinem Produkt gescheitert – du bist als
Verkäufer gescheitert.
Wenn deine Mitarbeiter nicht funktioniert haben, bist du
nicht an den Mitarbeitern gescheitert – du bist als
Führungskraft gescheitert.
Wenn du zu hohe Ausgaben hattest oder deine Steuern
nicht im Griff, bist du nicht an der Bürokratie gescheitert
– du bist als Unternehmer:in, als Kaufmann oder
Kauffrau gescheitert.

Beispiel:
Ein Start-up-Gründer stellt ein fünfköpfiges Team ein,
ohne klare Rollen, ohne Führung, ohne Prozesse. Nach

sechs Monaten ist das Chaos perfekt – Deadlines werden verpasst, Kunden wandern ab. Der Gründer macht die Mitarbeiter verantwortlich. Die Wahrheit ist: Er hat es versäumt, eine Kultur, Struktur und ein Zielbild zu schaffen. Das Team war nicht das Problem – seine fehlende Führung war es.

Ein Unternehmen ist nie besser als die Person, die es führt. Es ist der Spiegel deines Denkens, deiner Entscheidungen und deiner Fähigkeiten. Wenn du dich als Mensch weiterentwickelst, entwickelt sich auch dein Business weiter.

2. Falscher Fokus – das Starten aus den falschen Gründen
Viele Menschen gründen ein Unternehmen aus den falschen Motiven:
– Um sagen zu können: „Ich bin Unternehmer.“
– Um schnell viel Geld zu verdienen.
– Weil sie sich vom Angestelltenverhältnis abgrenzen wollen.

All das sind verständliche Wünsche – aber sie sind keine tragfähige Basis.

Die entscheidende Frage lautet nicht: "Wie kann ich reich werden?"
Sondern: "Welches Problem löse ich für andere Menschen?"

Beispiel:

Ein junger Mann startet einen Onlineshop mit Fitnesszubehör – nicht, weil er Expertise hat oder echten Mehrwert bietet, sondern weil er irgendwo gelesen hat, dass man damit „schnell Geld machen kann". Drei Monate später gibt er frustriert auf – kaum Verkäufe, hohe Retouren, schlechte Bewertungen. Warum? Weil er kein Problem gelöst hat. Er hat nur versucht, mitzumischen.

Der Markt interessiert sich nicht für deine Träume vom Reichtum. Der Markt fragt: „Was bringt mir das? Wie hilft mir das?"
Wer darauf eine echte Antwort hat, wird bestehen. Wer sich nur um sein Ego dreht, nicht.

3. Kein Verkauf = Kein Geschäft
Der zweite große Grund, warum viele Unternehmer scheitern, ist: Sie können nicht verkaufen.

Ein Unternehmen lebt vom Umsatz – und Umsatz entsteht nur durch Verkauf. Viele Gründer setzen ihren Fokus ausschließlich auf das Produkt: Wie kann ich es verbessern? Wie mache ich es schöner, günstiger, hochwertiger?

Doch die Wahrheit ist: Das beste Produkt bringt nichts, wenn du es nicht verkaufen kannst.

Beispiel:
Zwei Unternehmer verkaufen Hautpflegeprodukte. Der eine hat ein exzellentes Produkt, Bio-zertifiziert,

dermatologisch getestet – aber er spricht kaum über
sein Produkt, schaltet keine Werbung, erklärt den
Nutzen nicht. Der andere hat ein mittelmäßiges Produkt,
aber er ist ein leidenschaftlicher Verkäufer: Er kennt
seine Zielgruppe, trifft deren Sprache, macht Live-
Demos, erklärt Nutzen und Mehrwert. Ergebnis: Der
Verkäufer mit dem schlechteren Produkt hat fünfmal
mehr Umsatz.

Verkauf ist keine Manipulation. Verkauf ist
Kommunikation. Verkauf ist Überzeugung.
Und: Du verkaufst jeden Tag – auch in deiner Beziehung,
im Bewerbungsgespräch, beim Small Talk.

4. Fehlende Strategie
Der dritte Hauptgrund für das Scheitern ist: Es gibt keine
klare Strategie.

Selbst wenn du ein gutes Produkt hast, und sogar
verkaufen kannst – ohne Plan, ohne Marketingstrategie,
ohne Vertriebsstruktur wirst du scheitern.

Ein Unternehmen braucht einen Kompass:
– Wer ist meine Zielgruppe?
– Wo finde ich diese Menschen?
– Wie kommuniziere ich mit ihnen?
– Wie skaliere ich, wie automatisiere ich, wie wachse
ich?

Beispiel:

Eine Gründerin hat ein geniales Coaching-Angebot für Mütter, die nach der Elternzeit wieder arbeiten wollen. Sie ist empathisch, erfahren und kann wirklich helfen. Doch sie hat keine Strategie: keine Website, keine Social-Media-Präsenz, keine Positionierung. Ihre Sichtbarkeit ist null. Und so findet niemand ihr Angebot – obwohl es gebraucht wird.

Erfolg braucht Struktur. Eine Strategie ist wie eine Straßenkarte – ohne sie fährst du im Kreis.

5. Scheitern ist nicht das Ende – es ist ein Anfang
Scheitern ist nicht das Gegenteil von Erfolg – es ist ein Teil des Weges dorthin.
Fast jeder erfolgreiche Unternehmer ist gescheitert. Oft mehrfach. Aber sie sind daran nicht zerbrochen – sie sind daran gewachsen.

Beispiel:
Ein Unternehmer scheitert mit neun verschiedenen Geschäftsideen. Mal war das Produkt schlecht, mal das Timing, mal fehlte Kapital. Beim zehnten Versuch funktioniert es. Warum? Weil er sich verändert hat. Weil er gelernt hat, wie man verkauft. Weil er eine echte Strategie hatte. Weil er sich nicht mehr von äußeren Umständen hat ablenken lassen.

So wie man das Autofahren nicht auf Anhieb perfekt kann – so ist es auch mit Unternehmertum.
Du brauchst Übung, Fehler, Rückmeldungen – und Geduld mit dir selbst.

Fazit: Unternehmen scheitern nicht. Menschen scheitern – und lernen.
Wenn du erfolgreich ein Business aufgebaut hast – wirst du es immer wieder können. Auch in einer anderen Branche, mit einem neuen Produkt, in einem neuen Markt.

Warum?
Weil du nicht mehr derselbe Mensch bist wie zu Beginn.
Weil du die Sprache des Marktes verstehst.
Weil du verkaufen kannst.
Weil du eine Strategie hast.
Weil du weißt, worauf es wirklich ankommt.
Ein Unternehmen ist ein Spiegel – und Erfolg beginnt immer bei dir selbst.
Machst du es nicht, macht es jemand anderes – und genau das ist das Problem
In unserer heutigen Gesellschaft gibt es einen auffälligen Mechanismus, der sich in vielen Lebensbereichen zeigt: die Passivität.
Viele Menschen sitzen abwartend da, halten still, hoffen – und reagieren erst, wenn jemand anderes bereits vorgemacht hat, wie es geht. Anstatt selbst loszulegen, auf eigene Faust etwas zu starten oder Initiative zu ergreifen, warten sie lieber auf den sogenannten „Alpha", der ihnen den Weg zeigt oder gar schon die Arbeit gemacht hat.

Und sobald dieser dann eine Möglichkeit schafft – ein Produkt entwickelt, ein Geschäftsmodell etabliert, eine neue Richtung vorgibt – dann stürzen sich die anderen darauf. Wie Aasgeier auf ein totes Tier. Nicht um mitzugestalten, sondern um zu konsumieren, zu nehmen, zu profitieren.

Warum handeln so viele nicht selbst?
Weil Eigenverantwortung unbequem ist.
Weil Scheitern Angst macht.
Weil es einfacher ist, Ausreden zu finden.

Die Klassiker:
– „Ich habe gerade keine Zeit."
– „Ich muss mich um die Familie kümmern."
– „Ich habe Verpflichtungen."
– „Ich kann das nicht, ich habe keine Erfahrung."

Das klingt alles sehr nachvollziehbar – ist aber in den meisten Fällen nichts anderes als eine Selbstblockade. Es sind Schutzmechanismen, mit denen wir uns selbst sabotieren.

Beispiel:
Jemand hat eine brillante Idee für eine App, die ein reales Alltagsproblem löst. Doch anstatt sich hinzusetzen und erste Schritte zu gehen – ein Konzept schreiben, einen Entwickler suchen, Marktforschung betreiben – wartet er. Auf bessere Umstände. Auf den „richtigen" Moment. Irgendwann bringt jemand anderes genau diese App auf den Markt – und wird damit erfolgreich. Und was sagt der Erste dann?

„Die Idee hatte ich auch!"

Ja. Aber du hast nichts damit gemacht.
Machst du es nicht, macht es jemand anderer.

Der wahre Antrieb aller Menschen
Hast du dich jemals gefragt, was Menschen wirklich
antreibt?

Viele würden sagen: „Geld", „Sicherheit", „Sexualtrieb".
Doch der stärkste innere Antrieb ist ein anderer – das
Bedürfnis, bedeutend zu sein.

Wir wollen gesehen werden, anerkannt, geliebt,
bewundert, respektiert.
Ob bewusst oder unbewusst: Das ist der Motor, der uns
bewegt.
Erfolgreiche Menschen wollen genau das gleiche wie alle
anderen – nur mit einem Unterschied: Sie handeln
danach.

Beispiel:
Ein erfolgreicher Unternehmer, der bereits finanziell
ausgesorgt hat, startet ein weiteres Projekt. Nicht, weil
er noch mehr Geld braucht. Sondern weil er weiter
wachsen will – in Ansehen, in Einfluss, in Wirkung. Nicht
wegen der Zahl auf dem Konto. Sondern wegen dem,
was diese Zahl bedeutet.

Geld ist kein Selbstzweck. Geld ist Anerkennung in
messbarer Form.

Und genau wie eine Pflanze dem Licht entgegenwächst,
wollen wir dem Gefühl von Bedeutsamkeit
entgegenwachsen.

Du bekommst im Leben nicht, was du willst – sondern
was du tust
Viele Menschen leben nach dem Prinzip:

„Ich verdiene mehr."
„Ich sollte eigentlich schon weiter sein."
„Das Leben müsste mir mehr geben."

Aber Wahrheit ist:
Das Leben gibt dir nicht das, was du dir wünschst – es
gibt dir das, was du durch dein Denken und Handeln
erzeugst.

Wenn du dich fragst, warum du gerade dort stehst, wo
du stehst – schau dir dein Denken an. Schau dir deine
Entscheidungen der letzten Wochen, Monate, Jahre an.

Beispiel:
Scroll einmal durch die Kommentare erfolgreicher
Menschen auf Social Media. Du wirst schnell feststellen:
99 % der negativen Kommentare kommen von
Menschen, die genau deshalb feststecken – wegen ihrer
destruktiven Denkweise.

Ein Satz reicht oft als Antwort:

„Genau deshalb bist du da, wo du bist – wegen genau diesem Mindset.“

Das klingt hart, aber es ist die Wahrheit. Und Wahrheit tut manchmal weh – vor allem, wenn sie dich mit deinem eigenen Spiegelbild konfrontiert.

Verantwortung übernehmen statt im Selbstmitleid baden
Menschen sind Meister darin, sich selbst in ihren Geschichten zu verfangen. Sie denken ständig an das, was war – an Verletzungen, an Fehler, an Misserfolge. Sie reiben sich auf an der Vergangenheit – wie jemand, der eine Wunde immer wieder aufkratzt, bis sie nie heilt.

Beispiel:
Ein Mann wurde vor fünf Jahren in seinem Job gekündigt. Seitdem erzählt er jedem, wie ungerecht das war. Er wiederholt die Geschichte so oft, dass sie zur Identität geworden ist. Dabei sieht er nicht, dass diese alte Geschichte ihn heute noch gefangen hält – obwohl sie längst vorbei ist.

Vergangenheit ist vergangen. Sie ist nicht mehr real.
Die einzige Zeit, die zählt, ist jetzt.

Wenn du immer wieder in die Vergangenheit gehst, streust du Salz in eine Wunde, die eigentlich längst heilen könnte.

Das Leben passiert im Jetzt

Wann ist der richtige Moment?
Wann solltest du anfangen?
Wann solltest du die Verantwortung übernehmen?

Jetzt.

Nicht morgen, nicht „wenn es besser passt", nicht „wenn
du mehr Zeit hast".
Denn Zeit wird nie perfekt sein. Du musst nicht erst
perfekt sein, um loszulegen – du wirst durch das
Loslegen besser.

Fazit: Tu es jetzt – oder jemand anders tut es
Wenn du darauf wartest, dass jemand anderes
vorangeht, verlierst du deine Chance. Die Welt wartet
nicht auf dich. Der Markt wartet nicht auf dich. Das
Leben wartet nicht auf dich.

Und: Du brauchst dich nicht schuldig fühlen, weil du
Erfolg willst. Du brauchst dich nicht verstecken, weil du
bedeutend sein willst.
Das ist menschlich. Und genau dieses Verlangen kann
dein stärkster Antrieb sein – wenn du es nutzt, statt es zu
unterdrücken.
Also:
☞ Mach's selbst.
☞ Mach's jetzt.
☞ Werde nicht Zuschauer – werde Gestalter.
Denn wenn du es nicht tust – macht es jemand anderes.
Schlusswort: Zahl den verdammten Preis!

Ich habe vier Jahre lang durchgearbeitet. Nicht fünf Tage
die Woche. Nicht acht Stunden am Tag.
Siebzehn Stunden am Tag. Sieben Tage die Woche. Keine
Pausen. Keine Abkürzungen.

Und während andere bequem in ihren Betten lagen, lag
ich auf einer Luftmatratze.
In einem 30-Quadratmeter-Zimmer, das mehr Lager als
Zuhause war. Kein Luxus. Kein Rückzugsort. Kein Netflix.
Kein Spa-Wochenende.

Ich habe bei fremden Menschen geduscht – weil es zu
Hause kein Warmwasser gab.
Ich habe tagelang nicht richtig gegessen – weil ich
stattdessen Zeit und Geld in Telefonate, Bücher,
Seminare gesteckt habe.

Ich bin zu Veranstaltungen gefahren, hunderte Kilometer
– auch wenn dort nur drei Menschen saßen.
Ich habe geredet, gepitcht, erklärt – obwohl ich innerlich
schon gar nicht mehr konnte.

Während meine alten Schulfreunde feiern waren,
besoffen in der Stadt herumgezogen sind, sich entspannt
haben,
war ich unterwegs.
Ich habe gearbeitet. Ich habe investiert. Ich habe
verzichtet.

Opfer bringen heißt: Leben gestalten
Und nein – ich bereue es nicht.

Denn jeder Tropfen Schweiß von damals ist heute ein
Baustein meiner Freiheit.
Jede Stunde, die ich „verpasst" habe, hat mir Jahre
geschenkt, in denen ich selbst entscheiden kann, was ich
tue.

Versteh mich nicht falsch:
Du musst nicht so leben. Niemand zwingt dich.

Aber wenn du sagst, du willst mehr vom Leben,
wenn du sagst, du willst etwas Großes aufbauen,
wenn du sagst, du willst die Früchte ernten, die andere
bestaunen,
dann musst du bereit sein, auch die Wurzeln zu gießen –
bei Wind und Wetter.

Denn wer nicht bereit ist, den Preis für seinen Traum zu
zahlen,
der zahlt am Ende den Preis fürs Träumen.
Und das ist ein hoher Preis – der Preis der Enttäuschung,
des Neids, der unerfüllten Sehnsucht.

Du willst was? Dann tu was.
Wenn jemand zu mir kommt und sagt:

„Ich will mehr Geld, mehr Freiheit, mehr Anerkennung."
Dann frage ich:
„Was bist du bereit dafür zu tun?"

Und wenn dann Ausreden kommen wie:

– „Ich habe keine Zeit"
– „Ich bin nicht so talentiert"
– „Ich weiß nicht wie"

Dann sage ich ganz ehrlich:

„Dann bleib wo du bist. Und hör auf zu jammern."

Denn Träumer gibt es viele.
Macher nur wenige.
Die Welt braucht aber nicht noch einen Träumer. Sie
braucht einen, der bereit ist, zu machen. Bereit ist, sich
die Hände schmutzig zu machen. Bereit ist, den Preis zu
zahlen – Tag für Tag.

Am Ende zählt, was du tust
Vielleicht fühlst du dich jetzt angesprochen. Vielleicht
auch getroffen.
Gut. Dann bewegt sich etwas in dir.

Denn Wahrheit rüttelt. Wahrheit brennt. Wahrheit zeigt
dir:
Wenn du bereit bist, den verdammten Preis zu zahlen,
kannst du alles erreichen.

Aber niemand wird dir das Leben schenken, dass du dir
wünschst.
Du musst es dir selbst bauen. Mit deinen Händen. Mit
deinem Willen. Mit deiner Zeit.

Und wenn du dich entscheidest, das zu tun – dann
verspreche ich dir:
Du wirst irgendwann zurückblicken und sagen:
„Es war es wert. Jede einzelne Stunde. Jeder Rückschlag.
Jede schlaflose Nacht."

Ich hoffe, dieses Buch hat dich nicht nur inspiriert.
Ich hoffe, es hat dich wachgerüttelt.
Ich hoffe, du legst es nicht einfach beiseite – sondern
fängst an. Jetzt.
Denn das Leben wartet nicht.
Also:
Zahl den Preis.
Oder hör auf zu träumen.

Weißt du, was das größte Missverständnis ist, das
Menschen haben, wenn sie auf erfolgreiche Menschen
schauen?

Sie sehen das Ergebnis – aber sie ignorieren den Weg.
Sie sehen den Glanz – aber nicht den Schweiß.
Sie sehen das Ziel – aber nicht die tausend Rückschritte
davor.

Ich erinnere mich an ein Gespräch mit jemandem, der zu
mir sagte:

„Ich möchte auch auf Augenhöhe mit dir sein. Ich will
auch nur noch das machen, was Spaß macht."

Und weißt du, was ich gedacht habe?
Klar willst du das – wer will das nicht?
Aber hier ist die Realität

Du willst das Leben eines Champions führen, aber bist
nicht bereit, wie ein Anfänger zu kämpfen.
Du willst auf der Bühne stehen, aber nicht die Stunden
im Proberaum verbringen.
Du willst Ernte – aber scheust die Saat, die Pflege, das
Warten.

Erfolg kostet. Immer.
Ich erzähle dir, wie ich angefangen habe – nicht um
anzugeben, sondern um dir klarzumachen, dass nichts
einfach vom Himmel gefallen ist.